「あなた担当の神様」のみつけかた

人生を変える産《うぶ》土《すな》神《じん》社《じゃ》の守護

産土神社鑑定士
真壁辰郎

飛鳥新社

はじめに

あなただけを見守り、人生のガイドとなる聖なる存在

この本を手に取られたということは、あなたは担当の神様からのサインを受け取ったということです。

タイトルをご覧になって、「私を担当する神様がいるの？」と驚かれたかもしれません。

そうなんです。**私たち人間にはそれぞれ、担当の神様がいらっしゃいます。**誰にでも生まれたときからこの世を離れるそのときまで、ずっと見守り、そして守護してくださる、**いうなればオンリーワンの神様。**

担当というだけあって、あなたのことを誰よりもご存じですから、困ったことがあったり、お願いごとをしたりするには最強の神様といえます。あなたにとって、もっとも大切で重要な神様だということは、いわずもがなでしょう。

この担当の神様のことを、人によっては「ガイド」と呼ぶこともあるようですが、とにかく私がお伝えしたいのは、その神様はあなただけの特別な存在だということです。

担当の神様との絆を深めていくと、驚くほど運がよくなり、あなたの魂がぐんぐんと成長していきます。神様からのサインをキャッチしたということは、いまいるステージから大きくジャンプする、その前兆なのです。

担当の神様はあなたの願いを叶えてあげたいと思ってくださっています。そして、やはり担当している人間を可愛く思ってくださっています。

ご挨拶に行けばとても喜んでくださるし、**アドバイスなどのメッセージ（ご神託）をいただくこと**も可能なんです。

「神様からのメッセージって、霊感が強い人だけがもらえるものでしょ？」と思うかもしれませんが、実は誰でもいただくことができます。

ですから、本書ではそういったことも含めて、担当の神様から最高の後押しをいただいて、人生をよりよくしていく方法をお伝えしていきます。

そのまえに、私と神様との交流についてご紹介したいと思います。

私は幼少のときから京都の伏見稲荷大社のすぐ目のまえの家に住み、境内の山全域を遊び場としていました。

多感な少年時代に、伏見稲荷大社のような神域で長い時間を過ごしてきたものですから、いつとはなしに内なる霊性が磨かれていったのでしょう。

稲荷山全体を大きな龍が何重にもとぐろを巻いているのを見たことがありますし、神域の池では「ここには神様がいる……」と子供ながらにも気がついたものでした。

そのような幼少期を過ごした私ですが、三十歳をすぎた頃でしょうか。

私自身もある一冊の神社の専門書がきっかけで、担当の神様からのサインをキャッチ。**担当の神様との出会いを経て、その後の人生を大きく好転**させました。

そして、いまの「産土《うぶすな》神社《じんじゃ》鑑定士《かんていし》」という天職にも、神様からのお導きのお陰で巡り合うことができました。

この「産土神社鑑定士」という言葉に耳馴染みのない人も多いでしょう。

カンタンに説明しますと、人間と神様のご縁を繋げる、結婚相談所の仲人のような職業というとわかりやすいでしょうか。


大きな会社の社長やみなさんもご存じであろう芸能人のなかにも、担当の神様とご縁を結んで成功されている人がたくさんいらっしゃいます。

私自身も担当の神様に出会って以来、守護と開運をいただいてきました。

しかし、あるときから自分自身だけでなく、より多くの方が担当の神様と出会う手助けをしたいと感じるようになり、産土神社鑑定士としてその術と霊性を磨き続けてきました。
いまでは毎月多くの方から鑑定依頼をいただき、調べた神社は一万社以上となります。

担当の神様との絆が深くなると、**開運力・守護力が強化**されるのですが、私が鑑定した依頼人のなかには神様との出会いで、人生を一変させるような大開運をしたり、両親から隠されていた出生の秘密を知り、長年の悩みが解決したりする方もいました。
ここでは担当の神様から開運と守護をいただいた方々の声を紹介したいと思います。

◈私の担当の神様がいらっしゃるという神明神社は、今回教えてもらうまで、存在すらも知らない状態でした。生まれてから守っていただいているというのに、本当に失礼なことをしていました……。

それなのに入口の鳥居をくぐったときから、なんともいえない不思議な感覚。鳥居をくぐると寒いわけでもないのに、全身に鳥肌が立つような感覚があり、自然と涙が溢《あふ》れ出てきました。

長いあいだ不義理をしていたのに、神様が歓迎してくださっているのを感じて、とても感動しました。

いままで挨拶にうかがわなかったことをお詫びして、これからはご挨拶させてくださいとお伝えすることができました。ありがとうございました。

◈調べていただいた私の神様がいらっしゃる神社は、初詣でお参りしている神社でもありました。そして、私が結婚式をあげた神社でもありましたので、とても繫がりを感じております。

鑑定時に、神様からのメッセージとして「一期一会」が浮かんだと教えてくださいましたが、実は、私の好きな言葉も「一期一会」で、自分の名刺にも必ず入れているほど大切にしている言葉なんです。

本当に神様は私のことをずっと見守ってくれていたのだなと思わずにはいられませんでした。


◈私が参拝に行くと必ずといっていいほど、神社で結婚式が行なわれているんです。

しかも、帰り道で友人から妊娠報告があったり、二羽の小鳥が仲よく遊んでいるのをみつけたり、私の願いの一つである「素敵なパートナーともうすぐ出会えるからね」という神様からのメッセージをいただいているように感じました。

最高の後押しをいただけるよう、しっかり動かなきゃですね！


◈志望校の土地を守っている神様がいらっしゃる神社を教えて

くださってありがとうございます。教えていただいたように参拝したところ、穏やかな気持ちで受験日を迎えられ、全力を出し切ることができました。

そして、第一希望のS学院に合格しました！

ずっと憧れていた学校に入るために、努力してきたので嬉しかったです。

神様からずっと見守ってもらえたお陰で、難関校のS学院に合格できたように感じています。

すぐにでも神様に感謝の気持ちを伝えたいです。


いただいた報告のほんの一部ではありますが、このように担当の神様と出会い、挨拶をした人は手厚い開運力・守護力をいただくことができるのです。

私自身も神様と絆を深め、お客様の担当の神様を探すお手伝いをしていくうちに、伏見稲荷大社で遊んでいた少年時代とは比べものにならないほど、神様との感応度がアップしています。

本書では、私が神様と出会って三十年のあいだ、神様とのかかわりのなかで教えていただいたこと、培った知識や経験を余すところなくお伝えしていきます。

一章では神様がどのような存在なのか、基本的なことをご紹介します。

二章では神様がどこにいらっしゃるのか、探す方法をお伝えしていきます。必ず、本書を読んだあなたが神様に出会えるように、詳しく書いていますから、じっくりと読み進めていただきたいです。

三章では神様にご挨拶するときのマナーについて、失礼のない作法をお教えしていきます。

四章では担当の神様から具体的な後押しをいただく方法を、そして、五章では神様からの最高の後押しをいただくための心の保ち方を紹介していますので、ぜひ参考にしてください。

平成がおわりをつげ、新しい年号に変わること、それは同時に新しい時代の幕開けを意味します。時代の転換期ですから、これまでの常識ではありえなかったことが普通に起こりえるのです。そういうときだからこそ、**私たちは自分で身を守る術をしっかりと身につけておかなければなりません。大難を小難に、無難にするためには、担当の神様の助けが必要**となるのは、いうまでもありません。

この本を読んで実践していけば、あなたにも守護の神様からの追い風が必ず吹くことになります！

まずは担当の神様にいままで見守ってくださったお礼を伝えることからはじめましょう。

産土神社鑑定士　真壁辰郎

第1章

神様からの ファーストコンタクトを受け取る

第2章

生まれた土地の神縁を辿って、 神様の居場所をみつける

第3章

確実に神様と心が通じる正式な作法

第4章

神様ネットワークをお借りして、スゴイ神様を紹介してもらう 103

第5章

守護の神様が多い人の習慣、少ない人の習慣

第 1 章

神様からのファーストコンタクトを受け取る

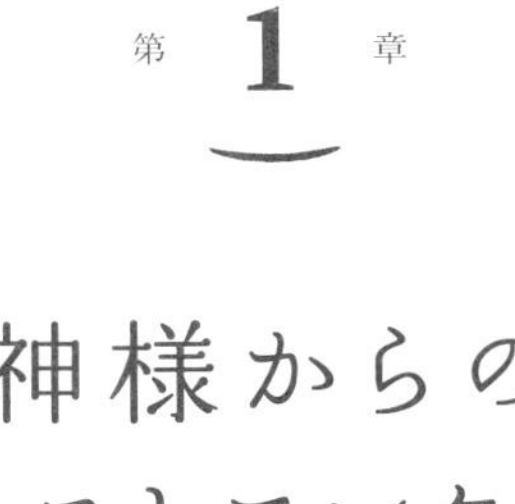

あなたを担当している守護神様

あなたは日々、どんな神社に参拝されていますか？
雑誌やテレビで、パワースポットとして紹介された神社に好んで参拝されているかもしれません。もしくは、初詣のときにだけ、近所の神社で参拝するという人もいることでしょう。

日本に生を受けた人ならば、誰もが一度は行ったことがある場所。
それが神社です。
日本にはどの地においても、大小の差はあれども神社があります。

最近では、参拝に行く機会は減り、生活の一部といえるほどまで、神社に寄り添って生活する人は少なくなってきています。

ですが、**古来より日本では庶民はもちろんのこと偉い人もみな、日常的に神社に参拝していました**。

生まれたときは初宮詣。成長するにつれて、七五三、合格祈願に成人式。大人になってからも、厄除け祈願や安産祈願など、日本人にとって神社とは、**人生の節目の時期に必ず訪れる大切な場所**といえました。

このように神社と生活が密接にかかわり合っていた日本人が、とくに大切にしていた神社があります。

それは、自分を担当してくれている守護の神様がいらっしゃる神社です。

その神社のことを私たち専門家は、**産土《うぶすな》神社《じんじゃ》**と呼んでいます。産土神社はあなた担当の神様としっかりと通じ合えることができる場所。そして、担当してくださっている神様のことを**産土神様**《うぶすながみさま》と呼んでいるのです。

その神社を知り、あなたが参拝をはじめることで、あなたと神様双方の絆ががっちりと結ばれます。

それは日常に開運をもたらし、よりよき人生を過ごすための素晴らしい土台となる。生きていくうえで、強力な後押しになることは間違いありません。

人生ではさまざまなことが起こります。

この世のすべてはバランスで成り立っていますから、楽しいことばかりでなく、辛いことも同じように経験することとなります。

家庭の悩み、仕事や対人関係、恋愛や結婚のこと、病気に見舞われたとき、そういうときに陰から常に見守りながら、ときには道を示し、そして背中をそっと押してくださるのがあなたの産土神様です。

そして、**産土神様は「結び」**《むす》**の働きをしてくださる存在**です。

身体を有して生かされている私たちが、人生に幸運をもたらすとき、それはなんといっても「出会い」にかかっています。

あなたの運気が上昇していくときには、人と人とのご縁を繋いで開運へと導いてくださるのです。あなたにとって必要な人たちが、神様の導きによって集まり出します。

神様は見えないところで、縁《えにし》あるあなたのために日夜お働きくださっているということです。それがどれほど心強いことか……。あなたの人生にとって、千人力の支えとなるでしょう。

まずはあなたが生まれた土地に目を向け、産土の大神様にご挨拶することからはじめましょう。

それが開運への揺るぎない第一歩となるからです。

この章ではあなたにとって、産土神様がどのような存在なのかをお伝えしていきたいと思います。

担当の神様だから、お願いごとをするなら誰よりも安心

産土神様というのは、太古よりその土地におられる神様のこと。その土地の大自然の大神で、固有の名前はありません。それこそ、何千万年、何億年も昔から、生命の誕生を見守り続けてきた神様なんです。

神社の拝殿や境内におられることもありますが、神社の近くにある山や川にいる神様であることもあります。

産土神社は神社の境内やその近くの山や川におられる神様とアクセスすることができる神社と考えていただけるとよいかもしれません。

産土神様と縁のある神社で参拝することで、あなたと産土神様がしっかりと繋がることができるのです。

ちなみに、人と産土神様とのご縁は、生まれるまえにさかのぼるといわれています。

それは、あなたがお母様のお腹にいたとき、時期でいうと妊娠五、六か月のときに、担当の産土神様が決定するという由縁《ゆえん》からです。いわばその時期に、お母様が住んでいた場所があなたの生誕地となるわけです。

生誕地の土地神様が、あなたが生まれるまえからあなたの守護神様となります。やがて誕生し、そして成長を重ねて、成人となり、家庭を持ち、たとえ生誕地を離れて、遠い別の地へ引っ越したとしても、ずっとそばにいて守り続けてくださるのです。

このように産土神様は生まれるまえからあなたのことをずっと見守ってきた担当の神様です。

「担当」なだけあって、他のどの神様よりも一番、あなたのことを知っている神様ともいえます。

昨今では、有名な神社へ次から次へと参拝されるという人も多いのですが、**願いごとはあなた自身の産土神様にお伝えするのが安心**です。

そうすることで、癖、習慣、好み、バイオリズム、人間関係や家族関係まで、あなたのことを知ったうえで、最適な方法で、あなたの手助けをしてくださいます。

あなたの人となりや、努力もご存じなので、良縁や合格祈願、就職祈願などは、まず産土神様にお願いするのがよいでしょう。

あなたのことをとてもよくご存じですから、あなたに合う相手や学校、会社に導いてくださいます。

とくにオススメなのが合格祈願です。

私自身、開運アドバイザーとして、依頼人の受験生を担当している神社に、ご本人とご家族に同行して、受験の後押しをいただくためのお手伝いをしていました。私が参拝に同行して、アドバイスさせていただいた依頼人の受験生たちは、名だたる難関校も含めて、ほとんどが第一志望校に合格されています。

そのときの実績があまりにもいいので、受験生には必ず、神社に参拝することをオススメしています。

もちろん、一番はご本人の努力の賜物《たまもの》でしょうが、それを見守っていた神様の後押しも大きかったに違いありません。

詳しい方法は四章でお伝えしますが、神様は努力している人が大好きですから、とくに受験などの努力している姿を見せられる事柄では、最高の後押しをしてくださるんですね。

担当の神様にお願いするのがよい理由はそれだけではありません。

神様は基本的に、人間の願いは叶えてあげたいと思っておられる存在です。ですが、産土神様はあなたの願いごとを叶えることがあなたにとってよいかどうか、きちんと見極めたうえで叶えてくださいます。

たとえば、「宝くじで十億円が当たりますように」、「複数の異性からモテモテになりますように」というような我欲の願いを神様に伝えることはあまりオススメできません。産土神様もなんでもかんでも無条件に叶えるようなことはされないからです。

なぜなら、願いごとをなんでもすぐに叶えてしまうということは、泣き叫ぶ子供に、親がオモチャを買い与えているようなもの。それが、本人のためにならないのは明白といえるでしょう。

神様も同じように、あなたの願いごとをなんでも成就させることが、あなたの人生をよいものにするとは限らないということを知っているんです。

つまり、**あなたの神様はあなたの願いをどのような形で成就させることが、あなたのためになるかを親身になって考えてくださる**ということです。

祈願をしたのに願いが叶わなかったというとき、神恩を疑ったり、嫌気がさして参拝をとめてしまったりする人もいるのですが、それはとてももったいないこと。あなたの考えている形とはまったく違う方法で、あなたの願いを秘かに叶えてくださることもあります。

それもあなたの魂の成長にとって、最適な方法を神様が選んでくださっているのです。

親が子供にオモチャを無闇に買い与えないことと同じように、神様の愛情の証でもあるわけです。

そう思うと安心して、神様にいろいろなご相談やご報告ができると感じませんか?

やはり他のどの神社よりも、まずは真っ先に産土神様との絆を結ぶことを私は強くオススメしています。

産土神様とのご縁は一生涯続くもの

また、**産土神様の役割は、あなたが生きているあいだだけでなく、たとえ亡くなったあとでも、あなたの担当から外れることはありません。**

あなたが今世での学びをおえて、旅立つときにも寄り添ってくださいます。

突然ですが、人は死んでしまったあと、どこへ行くと考えますか。

私たち専門家は、死んだあとに向かう場所を浄土《じょうど》と呼んでいます。わかりやすくいいかえると、「天国」といってもよい場所かもしれません。

私たち人間が死んだあとにはこの浄土へ向かうのですが、死んですぐにその世界に行けるというわけではありません。しばらくは今世でお世話になった家族や知り合いに挨拶をしたり、あちらの世界に行くまえに自分自身の生涯を振り返ったりする時間が設けられています。日数は四十九日あり、喪中といわれるこのあいだは、旅立つまえの準備期間ともいえるものです。

そのときに**スンナリと次の世界へと行ける魂もあれば、迷いや現世への執着から、予定通り旅立てない魂も出てきます。そんなときにそっと寄り添い、導いてくださるのが産土の大神様**です。

最後の最後まで、手抜きはされないということですね。

産土神様との絆がしっかりとできていれば、不安なく穏やかに旅立つことができるのです。死後への不安もないからでしょうか。産土信仰をされていた人の死に顔が穏やかなのは、そのためだともいわれています。

このように産土神様とのご縁は生まれるまえから、亡くなったそのあとまでも手厚く続いていくものなのです。

産土神様からのサインを見逃さないために

すでにあなたは「いますぐにでも産土神様と信頼関係を築きたい」と感じているかもしれません。

しかし、神様はどうでしょう。信頼関係というのは、片方だけでなく、双方が望んでこそ築かれるものですから、独りよがりでは、信頼関係とは呼べません。

でも、安心してください。

実は、**産土神様もあなたと同じように、あなたと信頼関係を築くことを強く**

望まれているんです。意外な感じに思われるかもしれませんが、神様にとっても「信頼関係」はなくてはならないもの。
なぜなら人間との信頼関係がなくては、神様も最大限の力を発揮できないからです。

さて、私たち人間と神様が両思いだということがわかったところで、産土神様と強く絆を結ぶ最初のきっかけとなる方法をお教えしていきます。

その方法とは、**産土神様のサインに気がつくこと**です。

産土神様はあなたがその存在に気づいているか、気づいていないかにかかわらず、あなたのことをずっと陰から見守ってくださっています。

見守っているあいだも、気がついてもらえるように、神様はいろいろなサインを日々、あなたに送っています。

そのなかには、些細で、うっかり見落としてしまいそうなサインもありますし、よりわかりやすい形であなたに示してくれることもあります。

一例ではありますが、このような形で神様はサインを発しておられます。

◇車窓から鎮守の森が見えたので、なんとなく目で追ってしまった
◇理由はわからないけど、このところ生まれ故郷のことが気になる
◇近頃、神社に行くことが増えた
◇神社や神様という言葉を最近やたらと目にする

たとえば、**産土神社という言葉をあなたがはじめて目にしたとき、それは神様からの導きがすでに働きはじめた証**です。

ましてや、**この本を手にされたということは、さらに強い導きが入っている**といってもよいでしょう。

いまでは産土神社鑑定士という仕事をしている私ですが、一番最初に産土神

様からのサインに気がついたのは、三十歳をすぎた頃。きっかけは、やはりある書籍に出会ったことでした。

私は生まれつき霊的な力は備わっていましたが、産土神様と出会うまえですから、いまほどの強い守護と神様の意を受け取る力はありません。それでも参拝作法をきっちりすることで、神様との感応度があがることを肌で感じていました。そんな経緯もあって、神社にかんする専門書などを読んで、神社や神様のことを学んでいた、そんな時期でした。

あるとき、一冊の本と出会ったことで、産土神様の存在を知ることとなります。その本には『産土神様は生まれた土地の神様で、幼き頃に初宮参りをした神社が産土神社』とありましたから、私は伏見稲荷大社のすぐそばが生家でしたので、産土神社は伏見稲荷大社だと信じて疑いませんでした。

そんなおり、母に「伏見稲荷大社での僕のお宮参りはどんな感じだったの?」と尋ねてみたのです。

すると「おまえのお宮参りはお稲荷さんとは違うで」というので、私は驚いて、詳しく尋ねたところ、お宮参りをしたのはF神社という、伏見稲荷大社とは別の神社ということが判明したわけです。

「それでは僕の産土神社はF神社なんだ」と、京都の実家に帰省する度にF神社に参拝し、絆を深めていきました。

最初の参拝から五年くらい経った頃でしょうか。京都に帰省して、いつものようにF神社に参拝に行ったときのことです。

参拝後、境内にたたずんでいると、「あなたの本当の産土神社はここではなくて別にあります」と、そんなメッセージがいきなり心に響いてきたんです。「えっ?」と戸惑っている私に、続けて「ここでも産土神と繋がることはできますが……」と、そのあとの言葉は聞き取ることができませんでした。思いがけない事実に驚いたことで、私の波長が乱れてしまい、神様と同調できなくなったからでしょう。当時はまだ経験も知識もなく、霊的な力もいまほど強くはなかったために、本来の産土神社をみつけることができなかったのです。

しかしながら、私は産土神様からのサインをしっかりとキャッチしていましたから、紆余曲折はありましたが、しばらくして無事に、本来の産土神社に辿り着くことができました。

この私の経験から感じるのが、意外にもこの**神様からのサインをキャッチできるかどうかが「開運」の重要な鍵**なような気がしています。

自分の産土神社を知らない人であっても、守護の神様は存在しています。

ただ、その守護度に違いがあり、神様からの守護と追い風を充分に活かし切れていない状態なんですね。産土神社を知っていて、きちんと参拝している人の守護度を十だとすると、産土神社を知らない段階での守護度は三程度でしょうか。その差は大きいですが、**神様からの最初のサインをキャッチするだけでも、三の守護度が四、五とあがっていく**ことになります。

ですから、どうか、サインを無視しないようにしてください。これらはあなたの内なる神様からの呼びかけ。直感ともいえる形で、あなたに語りかけているのです。

そして、そのサインにあなたが気づきはじめたということは、**産土神様との絆を結ぶその時期が整ったことを意味している**のです。

神様と出会うのは、早ければ早いほどいい

一般的に産土神社という言葉はあまり知られていません。

たとえば、テレビの街頭インタビューのように、往来で「産土神社を知っていますか？」と尋ねても、「はい」と答えられる人は本当に少ないと思います。

産土神様のことを生涯で知る機会のないという人もたくさんいるなかで、若いうちから産土神様からのサインを受け取り、絆を結ばれる人もいます。

私の元へは、十代、二十代の若い依頼人からも産土神社鑑定の依頼がたくさん舞い込みます。私はそういうとき、「十代、二十代の若さで、もう産土神様

からの導きが入るんだな」と感慨深いものさえ感じます。

十代、二十代といった**人生の早い時期から、自分の産土神社を知ることができる人は、大変恵まれているといえる**でしょう。

それほど早くに守護の神様との絆を結ぶことができて、そして、後押しをいただけるということですから。

若くして千人力、万人力の応援団を従えるということです。今後の人生において、それがどれほど心強いかはいうまでもありません。

出会いに遅すぎる、早すぎるというものはありませんが、担当の神様は合格祈願や就職祈願が得意な神様です。私の依頼人のなかでも、担当の神様と深く繋がって、第一志望の学校や職場で活躍している人たちがたくさんおられます。また縁結びも大得意ですから、恋人が欲しい、結婚したいと考えているならば、ぜひとも絆を結んで欲しいと感じています。

次章では早速、あなたの産土神社の探しかたを詳しくご紹介していきます。

第2章

生まれた土地の神縁を辿って、神様の居場所をみつける

本来、産土神社は神事を立てて探すもの

前章では、あなたにとって産土神社がどれほど重要な神社か、ご理解いただけたかと思います。自分自身の産土神社をいますぐにでも知りたいという思いに駆られているかもしれません。

私はこの産土神社を探し出す専門家であるわけですが、鑑定依頼が入れば、結界を張り、神事を立てて産土神社をお調べしています。

これを産土神社鑑定といいます。

ここで一つ、留意していただきたいのが、**私が鑑定している「産土神社」と神社庁で教えてくれる「産土神社」とは本質的に異なる**ものということです。

各都道府県には神社庁があり、そこに電話で問い合わせをすると、あなたの産土神社を教えてくれる場合があります。出生地の住所を伝えると、その場ですぐに「それならば◯◯神社ですね」と教えられるというものです。

「なんだ。産土神社を知るのはカンタンじゃないか」と思われるかもしれませんが、残念ながら神社庁は住所による割り振りで、産土神社を決めていますから、これですと、生誕地が同じ兄弟や、同じ町内で生まれた人たちは、全員が同じ産土神社となってしまいます。

対して、**私がお調べしている産土神社は、魂の神縁《しんえん》による産土神社**です。**人にはそれぞれ固有の魂のルーツというものがあります。**

同じ場所で生まれた兄弟であっても、別の産土神社となることが多いんですね。まさにオンリーワンの世界。

それを神事によって浮き出させていくのが、私の産土神社鑑定です。

鑑定をする際には、清浄な部屋のなかに結界を張り、依頼人の産土神様と繋がりながら、一社一社調べていくという作業をしています。

鑑定には大変な集中力とエネルギー、そして、経験と日々の精進が常に要求されます。

そのことがわかるエピソードがありますので、ご紹介したいと思います。

あるとき、私に鑑定依頼をされた四国にお住まいのFさんは、幼少期より霊感が強かったそうです。

そんなFさんのお母様が妊娠中に暮らしていた地域というのは、一社だけとても格式の高い大きな神社があり、他は小さな無人社ばかりが点在している地域でした。

私も最初に地図を広げたときには、「これはもう、ここしかないだろうな」とその立派な神社がFさんの産土神社だと思ったのです。

そして、神事を立てて鑑定を進めていくと、どうもその神社の反応が薄いんですね。神様と繋がれてはいるのですが、産土神社であった場合は、もっと強くしっかりとした反応が返ってくるはずなのです。

そこで私はFさんの産土神様に「○○神社様がFさんの産土神社になってくださっていますか？」と尋ねると「○○神社でもいいのだが、別の場所が好ましい」という返事がありました。

「それではどちらの神社になりますか？」と尋ねると、笑っておられる感覚が伝わってきます。「なるほど。それはおまえの仕事だから、自分で捜せということか」と神様の意を感じました。

それから、さまざまな神社を調べていきましたが、なかなかみつけることができず、正直苦戦しました。

日を改めようかとも思ったほどですが、諦めずに地域を絞っていくと、強く反応のある場所があります。ですが、手元の地図で確認しても、肝心の神社が載っていません。私は仕事柄、業務用の大きな地図を使っていますが、それでも地図には載っていない神社はあるものです。そこで他の地図やインターネットで収集した少ない情報のなかに、小さな神社が一つ浮かびあがりました。

そして再度、神事にて尋ねると、産土神社としてしっかりとした反応が返ってきました。

Fさんの産土神社は、大変小さな無人社といえました。

無事にみつかった安堵と共に、あまりにも小さな神社でしたから、「ここを産土神社としてお知らせするのは……」と気がとがめたほどです。

鑑定結果を楽しみにしている人にとっては、あまりに小さく寂れている神社が産土神社であった場合、ガッカリされる人も少なくありません。

ドキドキしながら、鑑定結果をメールでお伝えしたのを覚えています。

するとFさんから返信があり、「結果を見て涙がとまりませんでした。実は……」とそれまでの経緯をはじめて教えてくれたのです。

Fさんは私に鑑定依頼をするよりもずっと昔に産土神社という存在を知り、ぜひとも自分の産土神社を知りたいと、すぐに神社庁に問い合わせたそうです。そして、教えてもらった神社へと足を運びました。

そこは私自身も神事を立てるまえにFさんの産土神社だろうと、見当をつけていた、あの神社です。

Ｆさんは参拝してみてもどうにもピンとこず、迎えていただけている感じもなかったといいます。霊感が強いことを自覚されていたＦさんは、「ここは私の産土神社ではない」と直感したそうです。

そこでネットで産土神社を調べてくれる人を探し出し、鑑定依頼したそうですが、鑑定結果はまたも前述の神社となりました。

結果をみて「私の感覚が間違っているのかな」と感じたＦさんは、地域一帯にある全部の神社に自分の足で参拝されました。

するとある神社で、**ものすごく懐かしいなんともいえない充たされた気持ちにかられ、涙が溢れてとまらなくなった**そうです。その神社は大変小さな無人社だったのですが、そこではいつまでも境内にいたくなるような気持ちになったといいます。

「私の産土神社はここに違いない」と、霊感の強いＦさんはそう思ったわけですが、「最後にもう一度だけ鑑定依頼をしよう」と決心されて、私の元を訪れたそうです。

Fさんはいままでの経緯はすべて伏せて、私に鑑定依頼をされました。私の鑑定結果は、まさにFさんが直感で感じとっていた神社と合致していたのです。

Fさんの鑑定は、私の長い鑑定歴においても記憶に残るエピソードとなりました。

人間は目に映るものに捉われすぎると大事なことを見ることができません。本当に大切なものは、さりげないもののなかに存在しています。神様はそのことを教えてくださる存在でもあるんですね。

神社庁が教えてくれる産土神社をけして否定するものではありません。ですが、**私が鑑定している産土神社はより詳しく、あなたにとってさらにスペシャルな神社**と認識してもらえたらと思います。

本書では、このスペシャルな産土神社を自分自身で探し出す方法を紹介しています。

しかしながら、私たち専門家のように自分の産土神社を正確に知りたいと思っても、一般的に神事を立てて調べるということはできませんね。

「そんな大変な作業が必要なら、自力でみつけることなんてできないのでは」と思うかもしれませんが、どうか安心してください。

他者の産土神社をみつけるためには、私のような専門家と同様の鍛練と経験が必要になります。

ですが、**自分自身の産土神社を探すということであれば、あなた自身が本来持っている感性を研ぎ澄ませれば、カンタンにみつかるとまではいいませんが、けして不可能なことではありません。**

この章ではその方法をお伝えしていきたいと思います。

担当の神様はあなたの生誕地にいる

あなたはすでに産土神様からのサインを受け取っていますから、その次にするべきことは産土神社の存在する地域を知ることです。

お母様があなたを妊娠しているときに、その土地の神様があなたの担当となるということは、すでにお伝えしてきました。

産土神社というのは、お母様があなたを妊娠したときに住んでいた家の近くに存在しています。

その理由から、**妊娠中のお母様が暮らしていた家の住所を知ることが、産土神社を探すときの最初の一歩**となります。

これは両親に聞くことがもっとも正確なわけですが、すでに亡くなられている場合は、兄弟・親戚などから情報を集めましょう。

それでもはっきりしない場合は、母子手帳や戸籍を調べてみるという手段もあります。

調べる住所は、出産のための一時的な里帰り先や出産した病院の住所ではありません。あくまでもお母様があなたを妊娠されていたときの自宅の住所を調べてください。

細かい番地まではわからずとも、町名までがわかれば、**まず大丈夫**でしょう。

町名もわからない場合は、学校や公園など、すぐ近所にあった建物の情報があれば、ある程度の住所を絞り込むことが可能です。

詳しい住所が判明しないときでも諦めずに、できる限り情報を集めて、住んでいた地域を割り出す努力をしてください。

また、あなたをどの神様が担当するか、確定する時期が大体、妊娠五、六か月頃といわれています。

ですから、お母様があなたを妊娠中に引っ越しをしていた場合は、とくに注意が必要です。

「妊娠五、六か月のときに、母は引っ越しをしているのですが、その場合はどちらの住所が必要でしょうか？」

私に依頼人から、ときおりこのような質問をもらうことがあります。

そのような場合、**引っ越すまえの住所と引っ越したあとの双方の住所で調べること**になります。こういったケースですと、専門家でないとなかなか探し出すのは難しいのですが、自力でトライするなら、両方の住所を用意してください。

実は私の依頼人のなかで、この段階から神様のお導きをいただいたというケースもあります。

宮崎県在住のMさんは、私に鑑定を依頼するにあたり、妊娠中の住所をお母様に尋ねられたそうです。すると、お母様は「どうして、そんなことを聞く？

いいたくない」と強く拒絶されたため、Mさんはとても驚きました。

そこで産土神社を鑑定してもらうためだと理由を説明すると、お母様は渋々、話をはじめてくれたそう。そこでMさんは思いがけない自身の出生の秘密を知ることになりました。それは若い頃ならば、動揺してしまいそうな内容でしたが、大人になったいまだからこそ、受けとめることができたといいます。

「思えば、私と母は会話の少ない親子だったものですから、お陰で母ともはじめて心の底から向き合って話ができました」とおっしゃったMさん。ずっと秘密を抱えていたお母様も胸のつかえが取れて、「最後はお互いが泣きながら抱き合いました。私にとっては夢にも思わなかった大きなギフトとなりました」とおっしゃっていました。


このように、自分の出生にかかわる住所を調べる段階でこういうことに遭遇《そうぐう》するケースも出てくるんです。それは楽しい話ばかりではなく、ときとして互いが辛いことに向き合うことにもなるでしょう。

ですがそれもすべて含めて、産土神様からの導きなのです。

大きな神社から小さな神社まで、すべてピックアップする

お母様があなたを妊娠していたときに暮らしていた家の住所が判明したら、次はその地域の地図を用意しましょう。

地図はできるだけ大きいものを、そして多くの神社が載っている地図が必要です。**一万分の一くらいの地図であれば**、**理想的**といえるでしょう。

大きな地図は図書館でも貸し出しされています。ただし、書き込みをする必要がありますので、コピーをするなどして用意するようしてください。

地図が用意できたら、最初に住所の場所にしるしをつけます。そして、その場所から直線距離で半径四キロ圏内を見ていきます。定規やコンパスなどを使

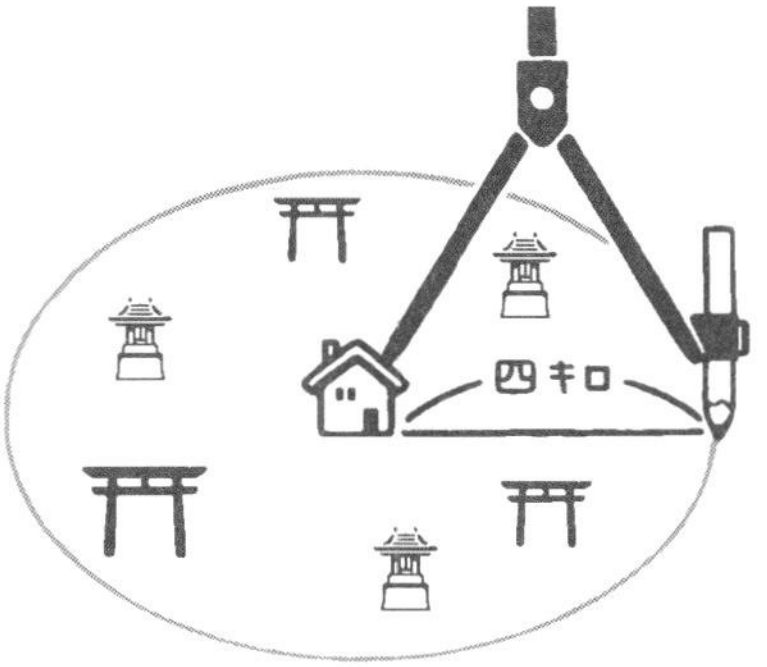

地図上の家を起点に、コンパスで四キロ圏内に線を引く

われるといいでしょう。

産土神社は、生誕地から約四キロというのが目安。都市部以外では四キロを超えることも稀にありますが、通常は範囲内で収まります。

その範囲内にある神社のすべてに、しるしをつけていき、産土神社の候補となる神社をピックアップします。地図には載っていない小さな神社も存在するので、ウェブなども活用し、多くの神社をみつけます。

多くとはいいましたが、小さな祠のような無人の神社の場合は一キロを超えた時点で除外してください。住所から離れれば離れるほど、産土神社になるのは神威の強い大きな神社の場合がほとんど。一キロ以上離れた祠のような神社は産土神社にはならないのです。

産土神社になる神社ならない神社

四キロ圏内ですべての神社をピックアップしたら、今度は産土神社になりえない神社を候補から外していきましょう。

ここでは、産土神社になる神社、ならない神社をお伝えしていきますね。

まず、ならない神社から見ていきましょう。

産土神社になるのは創建年代が古い神社の場合が多く、歴史がとても浅い神社はまず産土神社にはなりません。

目安としては、明治時代以降に建てられたかどうか。

創建年代は、神社のホームページや、地域の図書館でも調べることができますから、候補の神社を一つ一つ調べて、候補を絞っていってください。

つまり、産土神社になるのは**最低でも江戸時代に創建された神社**であるということです。ただし、北海道だけは例外で、明治以降に創られた神社でも産土神社になります。

また**武将や歴代藩士、民間人などを主祭神とした神社も産土神社にはなりません**。その理由から、御霊神社、護国神社、靖国神社などは候補から外します。**稲荷神社も産土神社にはならない**と思われていいでしょう。実際に私は京都の伏見稲荷大社のすぐそばで生まれましたが、私の産土神社は伏見稲荷大社ではありません。

逆に産土神社になりやすい神社についても、お教えしていきます。

まずは**歴史が古い神社**。たとえば、式内社と呼ばれる古社は候補にあがります。式内社というのは平安時代には、すでに存在が認められている古社で、産土神様になることが多くあります。

さきほど、武将や歴代藩士、民間人を主祭神とした神社は、産土神社にならないとお伝えしましたが、**菅原道真が祀《まつ》られている天満宮は産土神社になります。**

八幡神を祭神とする、八幡宮や八幡神社も産土神社になります。

また、住吉町の住吉神社、八幡町の八幡神社など、**地名と神社名が一致する神社**。これらも地域の要であり産土神社をみつけるときのポイントとなります。

それから、宮内町や宮山町といった、**地名に「宮」の字が入っている場所に鎮座している神社も産土様になる**ことが多いです。

三キロ以上住まいから離れた場所にある神社が産土神社になる場合は、たとえば式内社、一宮、県社、府社、郷社など、神威の強い神社や社格の高い神社がほとんどです。

鎮座地が創建時から移転していない神社も産土神社である目安となります。

これらを参考にして絞り込んでいきましょう。

産土神社にならない神社

◇歴史の浅く、明治時代以降に創建された神社（北海道は例外）
◇武将や歴代藩士、民間人などを主祭神とした神社（御霊神社、護国神社、靖国神社）
◇稲荷神社

産土神社の候補になりえる神社

◇歴史が古く、最低でも江戸時代に創建された神社（式内社）
◇地名と神社名が一致する神社（八幡町の八幡神社、住吉町の住吉神社など）
◇天満宮
◇地名に「宮」の字が入っている場所に鎮座している神社
◇三キロ以上離れたところにある神威の強い神社や社格の高い神社（式内社、一宮、県社、府社、郷社など）
◇鎮座地が創建時から移転していない神社

参拝したときに産土神様からのサインを感じ取ろう

あなたの産土神社の候補となる神社は、どのくらいありましたか？

神社の絞り込みがおわったら、**今度は実際に、候補に残ったすべての神社の参拝に行きましょう**。

私が鑑定する場合は、現地に直接、趣くことはありませんが、あなたが自力で探し出す場合には、すべての神社に参拝してみなければなりません。

その数が多ければ多いほど大変だとは思いますが、「絶対にみつける」という気合いで乗り切ってください。

産土神社をみつけるには、あなたの感性が必要です。五感をフルに働かせて、神様の気配を感じ取りましょう。

感性が豊かだったり、霊感が強かったりする人が産土神社の鳥居をはじめてくぐったとき、次のような感覚を抱くようです。

「自然と涙が溢れてきました」

「温かく包まれているような感じがしました」

参拝時に、このような感覚になったら、産土神社である可能性が高いと思ってください。その感覚は、産土神様があなたを迎えてくださっている証です。

ただ、誰でもそのような感覚をえられるわけでなく、むしろそのような人は少数派かもしれません。霊感が強いといった特殊な事情がなければ、**とくになにも感じなくとも産土神社である場合もある**わけです。

かくいう私もずいぶん昔、はじめて産土神社に参拝したときには、とくになにも感じることはなく、少々拍子抜けをしたのを思い出します。

参拝して、**なにも感じられなくても、産土神様があなたを歓迎してくださっているサインが出ています。**それならば誰もが気づくことができます。

神様からのサインの主なものは次の通りです。

◇お宮参りや七五三をしている家族に出会う
◇拝殿から太鼓の音が鳴り響く
◇お祈りのときに手のひらが温かくなる
◇いきなり風が吹く
◇風もないのに紙垂《しで》が揺れる
◇雲間から太陽が顔を出す
◇虹・彩雲などが出る
◇鳥が鳴き出す

◇蝶が近くを舞う
◇境内で動物（ネコ・カエル・ハト・ヘビ・カメなど）に出会う
◇いい香りが漂う

これらは単なる偶然とも思われがちですが、実際のところ神社参拝においては、偶然ではありません。**私たちが神様に感謝の思いを捧げるように、神様も私たちに感謝の思いを伝えたい**からこそ、こういう形で現れるんですね。

結界が張られた清浄な神域ではそれが可能だということです。


どうでしょう。

ふと見落としてしまいそうな、なに気ないことに神様からのメッセージを感じ取るのも神社参拝の楽しみの一つです。あなたの深い縁ある産土神社では、とくにこういうサインが出やすいので探すときの目安となります。

境内のすべてに気を配るように参拝してみましょう。

参拝した神社でサインがなかったら

参拝をしてみても、とくになにも感じることもなく、神様からのサインも一切なかった場合は、産土神社の候補から外しましょう。

そして参拝してみて、**逆に嫌な感じがしたり、心が重くなったりというような感覚を受けたら、産土神様の候補から外しましょう。**

他にも寒く感じる、臭いにおいがする、その場をすぐに離れたくなる、といった感覚がある場合も同様に候補から外してください。

ただし、**社殿が粗末だったり、手水舎《ちょうずや》がなかったり、境内が少々荒れていた**

りしても、それは判断基準には該当しません。それらは**管理する側の人間の問題ですから、そこにおられる神様に責任はない**わけです。

私が鑑定をして「小さな無人の神社で少しがっかりしました」というような感想をもらうことがあります。

ですが、社殿の立派さや境内の広さは関係なく、**小さく簡素な社《やしろ》であっても、偉大な神様がおられる場合は多々あります**。

日本には十万から十二万社の神社が存在しているといわれていますが、社務所があり、手水にも水が張られ、神職が常にいる神社はむしろ少ないくらいです。都市部の整った神社を見慣れている私たちには、小さな社は「こんなの神社じゃない」、「神様もいないはず」と思いがちです。

ですが、目に映る立派さだけに惑わされることなく、心で感じ取ることを心がけてください。

昔、同じ時期に鑑定依頼をされた二人のお客様の産土神社が、偶然、同じ結果となったことがありました。まったくの偶然ですし、もちろんこの二人には面識はありません。

鑑定結果をお知らせすると、お二人ともメールをくださったのですが、それはとても対照的な内容でした。

二人の産土神社は小さな無人の神社。式内社で由緒もあり、歴史も古い神社でしたが、日々の参拝者は数名程度と思われるいまは少し寂しい状態でした。

最初の一人を仮にAさんとしましょう。

Aさんは「私の産土神社がこんな小さな無人の神社のわけがないと思います。もう一度調べなおしてもらえませんか?」という穏やかな口調のなかにも憤慨《ふんがい》している思いが感じ取れました。

そして、そのあとに鑑定したもう一人、仮にBさんとしますが、「私の産土神様は小さいながらも、とても落ちついた気持ちのいい神社でした。鳥居をくぐったときから歓迎されていることが伝わってきて、胸がいっぱいになり、涙がとまりませんでした」

先にお伝えしたように、Aさんも、Bさんも、どちらも同じ神社です。ですが、それぞれの心の状態によって、まったく違う景色として見えています。

実はこの話には続きがあります。それから三年経ったある日、「調べなおしてもらえませんか？」とおっしゃったAさんから連絡をいただいたのです。「あのときは失礼なことをいいまして申し訳ありませんでした。あれから産土神社には行っていなかったのですが、ふと思うことがあり、久しぶりに参拝しました。鳥居をくぐったときから涙が溢れ出しました。「よくきたね」と歓迎していただいているのがわかり、心からお詫びを伝えました。問題があったのは神社ではなく自分自身だったのですね。そのことに気づかせてくださり、ありがとうございました」

私もこの連絡をもらい、胸が温まったことをいまでも思い出します。

このように、**あなたのいまの心の状態によっても、サインを感じられたり、感じられなかったりしますから、あなたの心の状態のよいときに、日を改めてでも参拝する**ことをオススメしています。

絆を望んでいるのは、あなただけではない

産土神様の探しかたをお伝えしてきましたが、いかがでしょうか。

「産土神様と繋がるのって、手間がかかって面倒臭そう」

もしかしたら、あなたもそう思ったかもしれません。

しかしながら、**すでにあなたは産土神様からサインを受け取っています。**

「産土神社」という言葉を知った時点で、本書を手に取り読み進めているあいだにも、神様との絆が少なからず強くなっていっているわけです。


ここで妥協してしまうのはもったいないこと。産土神様の存在を知ったとこ

ろから、今度は行動してみましょう。

絆をより強く、強固なものにするためにも、産土神社に参拝するところまで、ぐぐっと神様との距離を縮めて欲しいのです。


しかも、あなたと産土神様の絆を強くしたいと、いまもまさに奔走してくださる存在がいることをここでお伝えしたいと思います。

私たちは日々、見えない世界からの助けを借りて、生かされています。その筆頭は産土神様ですが、同じように**あなたのことを気遣い、心配し、そして人生をいきいきと生きて欲しいと願っている存在**がいます。

それは**あなたのご先祖様**です。

人生に与えられている大きな課題の重圧に、あなたが耐え切れなくなったとき、ご先祖様は本来、行くべき道に灯りをともしてくださるのです。

あなたには何億、何十億というご先祖様がついていて、産土神様とご先祖様は表裏一体の存在。ご先祖様があなたと産土神様と絆を結べるようにと導いてくださっているということもありえるのです。

「この神社でいいのかな」と、思ったときは……

「出生地から離れたところに住んでいて、参拝へ行くことができない」

「一度では産土神様からのサインを感じ取ることができなかった」

そう思うかもしれません。

現実的に出生地が遠方であったりする場合は、カンタンには帰省できませんし、実際に参拝されてみて、「なんとなく、ここかな」とは思うけれど、いま一つ確信が持てなかったということもあるでしょう。

「私の産土神様は本当にこの神社でいいのかな……」

そういう**半信半疑な思いにかられたら、産土神社鑑定をされている専門家に依頼してみる**のがいいでしょう。

私が鑑定をはじめた頃には数名だった鑑定士も現在ではずいぶんと増えてきました。正直なところ、鑑定士の能力には差はあると感じます。

私の元へは他で鑑定した結果に納得できず、再鑑定の依頼が年間を通してやってきますし、鑑定料も鑑定士によって違います。産土神社鑑定を誰に依頼するかということ、これもご縁の世界です。

鑑定士のブログやホームページなどを見て、書かれていることや使われている言葉などをよく判断してから、信頼できると感じた鑑定士に依頼するといいでしょう。

私ももちろん、ご依頼の際には心から調べさせていただきます。

一人でも多くのみなさんが産土神様と繋がることを願っています。

次の章では神様に喜ばれる参拝のしかたをお伝えしていきましょう。

第 3 章

確実に
神様と心が通じる
正式な作法

神様に「オッ！」と思ってもらうために

あなたの産土神社がみつけられたら、早速、参拝をしましょう。**産土神様は私たちが参拝に行くと、とても喜んでくださります**。そのことがわかるエピソードとして、私の妻の話を紹介したいと思います。

ある日、妻が近所を車で走っていると、「おーい、寄ってけー」とお呼びがかかったそうです。妻は「用事があるんですけど」と心中で返したのですが、それでも「寄ってけー」と声がかかるので、用事を諦めて「わかりました」とその声の主のところへ車を走らせました。

その声の主は、妻の産土神様である葛飾区立石の五方山熊野神社の大神様。妻は生まれつき霊感が強く、神様の声や姿を感じる力を持っているものですから、産土神様からの呼びかけをしっかりと受け取ることができるのです。

神様は可愛いお爺ちゃんの姿をされていて、そのときも大喜びで迎えてくださったそうです。妻が日々の感謝や仕事のことを報告すると、神様は満面の笑みで話を聞いておられたとか……。ときおり私も妻の参拝に同行するのですが、そのときも産土神様が妻のことをとても可愛がってくださっていることを感じますし、妻自身も産土神様を信頼していることがわかります。

このように妻と産土神様との関係を見ていますと、よい関係を結ぶことが人と神社の双方によい運をもたらしてくれるように思います。

この章では、神様と相思相愛の関係になるためのより質の高いスペシャルな参拝法をお教えしていきます。**専門家や神職が当たりまえにやっているけれど、一般的には浸透していない作法**や、「こんなことでいいの?」と思うくらい**カンタンなことでも、神様が喜んでくださることもあります**から、ぜひここに書いてあることを実践してみてください。

鳥居をくぐるまえから参拝ははじまっている

さて、早速ですが、正式な参拝法をお教えしていきたいと思います。

「いつもやっている参拝じゃダメなの？」と感じる人もいるかもしれませんが、正しい参拝をすることで、神様との感応度が格段にあがることを私自身も実感しています。

神道《しんとう》**では**、**祓**《はら》**いにはじまり**、**祓いにおわる**といわれています。神社参拝では、鳥居をくぐるときに一度目の祓い、手水舎で二度目の祓い、拝殿で鈴を鳴らして三度目の祓いと、神前での祈りをはじめるまえに何度も身を清めるのです。

神社にはほとんどの場合で、境内の入口には鳥居があります。

神社参拝のときの三度の祓い

一 鳥居をくぐるとき

二 手水で清めるとき

三 鈴を鳴らすとき

鳥居より先が神域となりますから、「神域に入らせていただきます」という気持ちを持ちましょう。鳥居のまえでは立ちどまってしっかりと一礼しましょう。大きな神社などでは、二ノ鳥居、三ノ鳥居もありますので、その度に立ちどまって一礼してくぐります。随神門《ずいしんもん》などがある場合も同様です。**鳥居は祓いの役割がありますから、鳥居をくぐる度に「祓われていく」とイメージ**をしてください。

また参道の真んなかは神様の通り道。拝殿まで向かう参道では道の端を歩きましょう。

また、**参道を横切るときには一揖《いちゆう》します。一揖とは軽くお辞儀をすること**。そして、心中において「横切らせていただきます。失礼いたします」と唱えましょう。小さく声に出されてもかまいません。

次に**二度目の祓いの手水は、神前に向かう準備として、心と身体を浄めるために使います**。

参道を進み手水舎のところにきたら、まず一礼。そして、右手で柄杓《ひしゃく》を持ち、水を汲みます。手水では、この一杯の水ですべてを行ないます。お代わりはなしなので、たっぷりと汲みましょう。そして、汲んだ水を左の手のひらにかけて、洗い清めます。次に柄杓を左手に持ち替えて、右の手のひらに水をかけ、洗い清めます。柄杓を再度、右手に持ち替えて、左手のひらに水をかけ、口をすすぎます。

ここで気をつけて欲しいのは、柄杓には直接、口をつけてはいけません。最後に左手のひらに水をかけて、洗い清め、柄杓を立てて、柄の部分を洗い清めます。おわりましたら一礼してその場を離れます。

手を浄めることで身体全体を浄める外清浄《げしょうじょう》、口を浄めることで心を浄める内清浄《ないしょうじょう》の二つの意味があり、**元来は自然の川などを利用して身を清める禊《みそぎ》の儀式**でした。大自然のお力によって、穢れを洗い流すわけですが、手水舎の作法はその略式にあたります。

手水の正式な作法

一 右手で柄杓を持ち、水を汲む。

二 左手を洗い清める。

三 柄杓を左手に持ち替え、右手を洗い清める。

四 柄杓を右手に持ち替え、左手に水をかけ、その水で口をすすぐ。

五 再度、左手を洗い清める。

六 一礼して立ち去る。

あなたの産土神社が小さい社だったとき

産土神社はその地域の土地神様がいらっしゃる神社ですから、小さい社である場合も多いのです。

私の依頼人にも小さい社が産土神様だと知って、ガッカリされる人がおられますが、小さい社でも素晴らしい力をお持ちの神様はたくさんおられますから、見た目だけで判断するのは早計というものです。

またこうした小さな社が産土神社だった場合、手水舎がなかったり、あったとしても問題があって使えなかったりすることもあります。

「手水舎がありませんでした」

「手水に水が張られていなくて使えません」

「手水の水が汚くて、使う気になれませんでした」

あなたにもこのような経験があるかもしれません。


そのようなときは、**祓戸大神様《はらえどのおおかみさま》をお呼びします。祓戸大神様とは、祓いを司る神様のこと**。

神社でお祓いやご祈祷《きとう》を受けるときに、神職が白い紙垂のついている大麻《おおぬさ》という祓い串を左・右・左と三回振ってお祓いしますね。

そのときにお出ましになる神様が祓戸大神様です。**祓戸大神様に祈りますと、穢《けが》れと災いを清めてくださる**のです。


この神様をあなた自身でお呼びしましょう。

「神様を自分で呼び出すなんてできるの?」と思うかもしれませんが、難しいことはありませんから安心してください。手水舎があるけれど、なんらかの理由で使えない場合は、手水舎のまえに立ち、二拝二拍手一拝《にはいにはくしゅいっぱい》します。

手水舎そのものがない場合は、鳥居をくぐり、境内に入ったところで、二拝二拍手一拝しましょう。


そして、手のひらを合わせて目を開けたまま、

とってもありがたい　祓戸大神《はらえどのおおかみ》
我《われ》を　祓《はら》え給《たま》い　清《きよ》め給《たま》え

この言葉をゆっくりと二度唱えます。

一度目を唱えたら、数秒のあいだをおいてから二度目を唱えます。

そして、祓戸大神様に頭上で祓っていただくようなイメージで、頭を少し下げて唱えるとよいでしょう。

唱えおわったら数秒のあいだをおき、二拝二拍手一拝して完了です。

この言葉は短いですから、ぜひとも覚えてしまいましょう。**覚えてしまえば、全国どこの神社に行っても、手水が使えないときに役に立ちます。**

ちなみに、**祓戸大神様は神社だけでなく、旅行するときに泊まるホテルの部屋でもお呼びする**ことがあります。たとえ悪しき霊体などがいなくても、まえの宿泊者の念などが残っているときもありますから、私は旅先での部屋の清めは念入りにします。

私たちのような専門家や神職は、笏《しゃく》を使って、清めることが多いのですが、あなたが専門家でない限りは当然、お持ちではありませんね。

ここではあなたでもできるような簡易なお清めの方法をお教えします。簡易とはいっても、たいていのことであれば、この方法で大丈夫というくらい、しっかりと清めることができますから、ぜひ、旅先のホテルの部屋などで試してみてください。

まず部屋に入りましたら、部屋の中心に立ち、二拝二拍手一拝をします。

そして、目は開けたまま、手のひらを合わせて、次のように唱えてください。

とってもありがたい　祓戸大神様《はらえどのおおかみさま》の御力《みちから》もちて
この場を　祓《はら》え給《たま》い　清《きよ》め給《たま》え

唱え終わったら、身体を少しずつ右回りに回転しながら、八方向に向かって拍手《かしわで》をパンパンと二回ずつ、力強く打って一周します。

最後に、はじめの地点へ戻ったら、二拝二拍手一拝をして終えます。

もし、方位がわかるなら、北からはじめて、北東、東、南東、南、南西、西、北西とまわり、拍手を二回ずつ打っていくとよいでしょう。

それぞれの方位で二回ずつ拍手を打ちますから、合計で十六回打つことにな

パン パン
拍手はきちんと
音を鳴らすように打つ。
北を起点に二回ずつ、
計十六回の拍手を鳴らす。
北
東
南東
南
南西
西
北西

部屋に神様を呼ぶ

ります。**これは八《はっ》方《ぽう》位《い》祓《ばら》いとなり、これにより部屋中が清められます。**

ポイントは拍手は力強くしっかりと打つこと。八方向を、目力を使って、しっかりと見ること。そして、一周しながら「どんどん清まっていく」とイメージすること。

この三つのポイントを抑えて、しっかりと清めてくださいね。

一周してみて「足りないな」と感じるのであれば、もう一周するといいですよ。部屋の淀んだ空気もスッキリしてくることでしょう。

お賽銭の額を考える

三度目の祓いである鈴緒《すずお》は、お賽銭を入れるまえに両手で握って鳴らします。鈴の音は神様に気づいていただくためのチャイムとして、鳴らすのではありません。鳥居にはセンサーの役割もありますから、あなたがきたことは境内の鳥居をくぐられた時点で神様にはわかります。

鳴らした鈴の清らかな音は、参拝者を祓い清めるためのもの。鳴らしながら穢れを祓うイメージを持てると効果的です。

三度の祓いをおえたあとに、お賽銭を入れます。このときによくいただく質問があります。

「お賽銭の額はいくらがいいですか？」

みなさん、疑問に思うようですが、実はお賽銭の額に決まりはありません。神様はそもそも、金額自体には興味がないのです。

あなたがお賽銭を捧げるときの心の状態を見ておられるわけです。そして、日頃どのようにお金を使っているか、捧げたお金から感応されます。お賽銭として入れたあなたのお金には、情報がすべて入っており、受け取った神様には瞬時にそのことがわかります。神様が見ているのはその部分ですから、たとえ金額はいくらであろうとも、そこは問題ないといえます。

「特別、感謝することがあった」という日は、多めに納めるといいでしょう。

また、お賽銭の入れかたに悩む人も多いようです。投げ入れて音を出すことで邪気が祓われるとされる一方、お賽銭は神様へのお供えものですので静かに、丁寧に入れるのがよいとされています。静かに向き合ってこそはじめて、祈りもよく通じ、神様にもしっかりと受け取っていただけます。

二拝二拍手一拝でも差をつくる

お賽銭を入れたら、次に二拝二拍手一拝をします。

「拝」とはおじぎのこと。拍手はそのまま、手を叩いて音を鳴らす拍手のことです。私たち専門家は「かしわで」と呼んでいます。

つまり、**「二拝二拍手一拝」とは、おじぎを二回して、手を二回叩いて、最後に一回おじぎをすること。これが神様への挨拶の作法**になります。


二拝二拍手一拝にも、大切なポイントがあります。

それは「拝」を深くするということ。

拝の基本姿勢

「拝」の動作はゆっくりと深く、上体が地面と平行になるくらいまで曲げます。

他の参拝者の「拝」を見ていると、浅いことが多いんですね。チョコンと少し頭を下げる程度の人をよく見ますが、やはりそれだと浅いのです。

きちんと腰から身体を曲げて、深い拝をするようにしてください。

拍手の音も祓いとなりますから、拍手もしっかりと音を出しましょう。おへそからみぞおちあたりの位置で、合わせた手のひらの右手を少し引き、手のひらに少し丸みを持たせて打つと、いい音が出ます。

神様に想いが届く祈り詞

二拝二拍手一拝のあとは、祈念をしましょう。ここではよりよく神様と繋がるための祈り詞をお伝えしたいと思います。

必ずしもこの通りでなくてかまわないのですが、参考にしてみてください。

初対面の人に会って挨拶をするときに、通常は自己紹介をするかと思いますが、**神様へのご挨拶でもそこは一緒**です。はじめて参拝する神様には、**まず自分の名前・生年月日・干支・住所をお伝えして、自己紹介をします。**

とってもありがたい○○神社におわします大神様《おおかみさま》、
本日ありがたく参拝させていただきました。
私《わたくし》○○（名前）は、昭和○年○月○日（生年月日）、
○年生まれ（干支）で、○○（住所）に住んでおります。
この度はご縁をいただきまして、ありがとうございます。

このように自己紹介をしてから、続いて祈り詞を唱えましょう。

とってもありがたいわが産土の大神様をはじめ、
○○神社におわします大神様の
いやますますのご開運をお祈り申しあげます。

いつもお守りいただきまして、ありがとうございます。
お陰様で毎日を無事に平安に生かしていただき、
幸せです。心から深く感謝いたします。

とってもありがたいわが産土の大神様をはじめ、
○○神社におわします大神様の
いやますますのご開運をお祈り申しあげます。

この祈りかたがベースとなります。自分の開運だけでなく、神様のご開運もお祈りします。また、神社名は正式名称で唱えるようにしましょう。

そして**目を開けて、正面を見ながら、穏やかな笑顔を心がけてください**。詳しくは後述しますが、目を開けて祈るというのが大切です。

そして、合わせた手のひらの指先も空の方向ではなく神社の正面に向けるようにします。

また、二度目以降の参拝からは、生年月日、干支、住所をいう必要はありませんが、名前だけは名乗るようにしましょう。

その場合は、二拝二拍手一拝のあとに、

◯◯（名前）、本日もありがたく
参拝させていただきました。

と唱えて、そのあとは一回目と同じように、祈り詞を続けます。

祈り詞はできるだけゆっくりと唱えてください。言葉に思いを乗せて染み込ませるように唱えます。

もし、お願いしたいことがあるのならば、祈り詞を唱えたあとに、お伝えするとよいでしょう。

しかしながら、私自身は産土神様にお願いごとをすることは、あまりオススメしていません。といいますのも、いままでお伝えしてきた通り、産土神様はあなたのことをいつも見守ってくださっている一番大切な神様です。

そんな神様ですから、ドッシリと構えていらっしゃって、あなた自身の日常の小さな困りごとに奔走してくださる神様ではないのです。

もちろん、人生の大きな節目となるできごとの後押しはしていただけますが、**日常生活にかかわるような小さなお願いごとであるなら、次章でご紹介します鎮守《ちんじゅ》神様にお願いする**ようにしましょう。

産土神様が得意とされているのは、あなたの人生の根幹にかかわるようなお願いごと。そして、あなたの人生を彩るような人との出会いをつくること。

そういったお願いごとが産土神様の得意分野なのです。もちろん、産土神様も日常の小さなお願いごとを叶えたり、困りごとを解決されたりする力はお持ちです。能力的にできないということではなく、あえて、そういったお願いごとのために走り回ったりはされないというわけです。

もし、あなたの人生に大きくかかわってくるお願いごとや、ぜひとも産土神様に聞いていただきたいと思うような願いごとがあるときは、次のようにお伝えするとよいでしょう。

私は〇〇を心から望んでいます。
それに向けて精一杯努力いたしますので、
なにとぞ後押しのほどよろしくお願いいたします。

このような形で、自分も最大限の努力を惜しまないことを宣言します。

神様は努力する人間が大好きですから、こうすることで格段に、神様に思いが通じやすくなります。

喜んでもらうためのポイントは視線と姿勢

ここでは**より質の高いスペシャルな参拝にするための大切なポイント**を紹介したいと思います。

ここを押さえておけば、神様に「オッ！」と思っていただけるという、そんな作法です。

さきほど、**拝殿のまえでの参拝では、目をしっかり開けて、正面を見据えながら、お祈りしましょう**とお伝えしました。

「お祈りするときは、目をつむるのでは？」と疑問に思われたことでしょう。

実は、ここが神様に喜んでもらうための重要なポイントです。

よく知られている目をつむってお祈りする作法も間違いではありません。

ですが、あなたが次のような理由で参拝にきたのであれば、目をしっかりと開けて参拝するべきです。


「日頃の感謝をお伝えしたい」

「聞いていただきたいことがある」

「強く後押しが欲しい願いがある」


こういうとき、人と人との場合であれば、会ったときに相手の目を見ながら真剣に話をされるでしょう。

目を閉じて、下を向きながら話す人はいません。

実は神様と相対するときであっても同じことがいえるんです。

神様にお伝えしたいことがあるならば、聞いていただきたいことがあるならば、しっかりと目を開けて正面を見据えましょう。

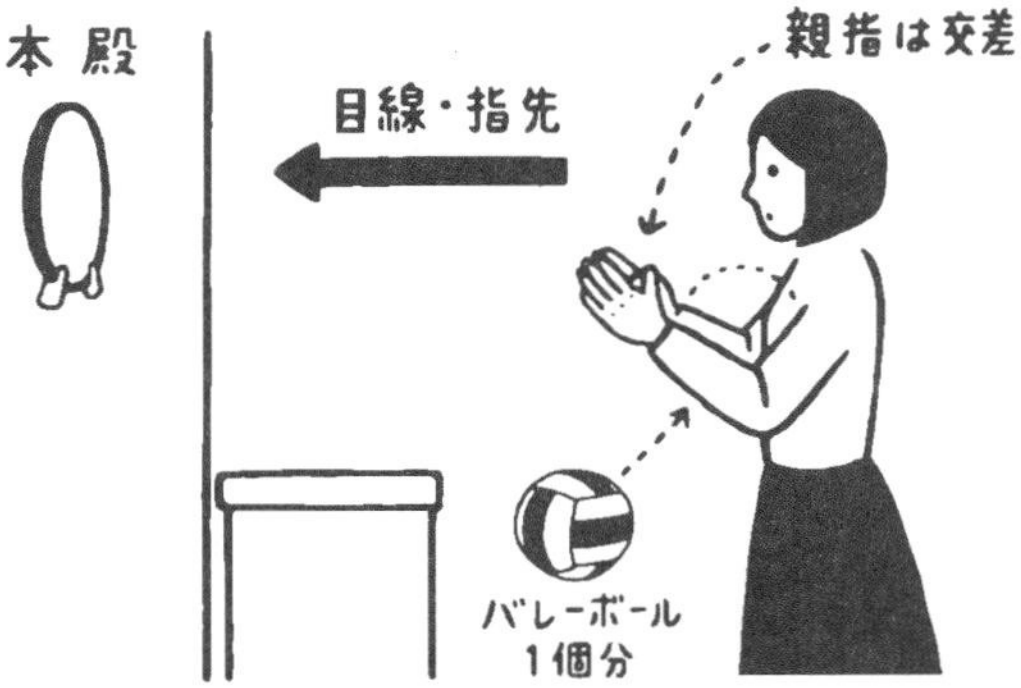

拝殿のまえで祈るときの姿勢

それはけして失礼にはあたりません。

ご神体は本殿に祀られていますから、そこにあなたの思いを届ける必要があります。目線は正面のご神鏡を見つめながら、鏡がないときは御扉《みとびら》を見つめましょう。目を開けてお祈りするからといって、睨みつけるわけではなく、優しい目線で穏やかな微笑をたたえながらお祈りしてください。

また手の合わせかたにもポイントがあるので、ぜひ覚えてください。

合わせた手のひらも同様に、指先を正面に向けると祈りがさらにしっかりと届きます。合わせた手のひらはみぞおちのあたり

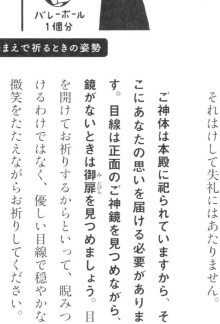

から、三十センチほど手まえに突き出す形。親指は交差しておきましょう。

人間には一霊四魂《いちれいしこん》という内なる神様が宿っているのですが、胸のあたりに直霊大神様《なおひのおおかみさま》という神様がおられます。

胸のあたりにおられる直霊大神様が、合わせた手を通り、指先から正面の拝殿奥の本殿へと光の道をつくるイメージで、あなたの祈りを運びます。この光の道を「レーザー光線」のように考えると、イメージしやすいかもしれません。

参拝は拝殿のまえで行なうわけですが、**大切なのは拝殿の奥にある本殿を意識してお祈りする**ということです。

祈りとは意を乗せること。

肩の力を抜きながら清らかな思いを運びましょう。

祈りの質の軽さも願いを届けるための大事なポイントです。

清らかな祈りは波長も細かく軽いので、本殿へと届けることができますが、重き願いは届けることができません。

ときおり拝殿のまえで、目を閉じて下を向き、一心不乱に祈念している人を見かけることがあります。

端から見ていても、祈りというよりは「念」に近いものがありますが、このような「念」はとても重いことが多く、まえへと届けることができません。その多くは下へと落ちてしまいます。

本人は一生懸命に祈っているわけですが、現実としては、本殿のご神体には届かないと思ったほうがいいでしょう。

神様も「欲」の質が高い重い念は好きではありませんし、苦手とされています。願いごとがあるときには、肩の力を抜き、少し微笑みをたたえながら、軽やかに、清らかに、光の道に乗せて思いを運ぶこと。

そうすることで、本殿へと思いを運ぶことができるようになります。

難しいと感じるかもしれませんが、「イメージ力」がものをいう世界。**神様とのおつき合いで、鍵を握るのはこのイメージ力**なんです。

鳥居をくぐるとき、手水舎で清めるとき、祓われているイメージを持ったり、拝殿のまえから拝殿の奥にある本殿へと祈りを届けるイメージを持ったりすること。

これらができるようになると、より効果が実感できる参拝にすることができるでしょう

神社参拝では、胸の中心から思いを発すること、心で受け取ることを実践することになりますから、直感力の向上にとても役立ちます。私も正しい作法と長年の経験から、どんどんと直感力があがっていった経緯があります。

副産物のようなものですが、神様からのメッセージや導きに気がつけるようになるだけの受け皿が育っていくということですから、参拝を通して、あなたの持つ直感力を伸ばしていきましょう。

参拝のおわりにも二拝二拍手一拝

祈念をおえたあと、あなたはどのように立ち去りますか？

「おわりよければすべてよし」という諺《ことわざ》がありますが、このことからもわかるように、参拝がおわる最後の瞬間まで、丁寧であることが理想です。

ここでは丁寧な参拝のおわらせかたについても、紹介したいと思います。

実践すれば神様も「最後の最後まで丁寧な参拝だった」と強く印象づけてくださるかもしれません。

一般的な作法では、祈念して、最後は一礼しておわることが通常です。

ですが、**より丁寧に参拝をおえるのであれば、最後の挨拶も二拝二拍手一拝をするのが、よりスペシャルな作法。**

おわりの二拝二拍手一拝についても、さきほどお伝えしたように、地面と平行になるような深い拝をすること。拍手の音をきちんと鳴らすことを心がけるようにしてくださいね。

私も常日頃から、こちらの作法で参拝しています。**最後の一拝を、二拝二拍手一拝に変えるだけのカンタンな方法**ですから、ぜひ覚えてください。

そして、静かに拝殿から立ち去るようにしましょう。

せっかく丁寧に参拝したとしても、同行者と騒がしく私語をしながら立ち去るようでは、神様も残念に思われるかもしれませんから。

第4章

神様ネットワークをお借りして、スゴイ神様を紹介してもらう

産土神社が遠方にある場合は鎮守神社へ

「故郷から離れたところに住んでいるのですが、どうすればよいですか」

このような質問をよくいただきます。

産土神社が現在の住まいから遠く離れた土地にある場合、現実的に産土神社に参拝したくてもなかなか行くことができませんね。

そのようなときは、鎮守神社《ちんじゅじんじゃ》へお参りに行くようにしてください。**鎮守の神様は、産土神様との神縁《しんえん》による親戚のような間柄**ですので、鎮守神社では、あなたの産土神様と繋がることができます。

鎮守神社はいま住んでいる自宅の比較的近くにある神社です。**日常生活全般**

のことを司る神様がおられますから、生活するうえで頼りになる神社といえます。定期的に参拝されて、神様との絆を育てておきましょう。鎮守大神様と仲よくなれば、全国どこに行っても安心です。

ちなみに鎮守神社にも産土神社と同様、それぞれ相性があり、いま住んでいる住所から四キロ以内のところにほとんど収まります。鎮守神様も産土神様と同じように、あなたにサインを出してくださるので、産土神社と同じような要領で探すことができます。

産土神社と鎮守神社は親戚のようなものとお伝えしましたが、**神様の世界でも、派閥や系列のようなネットワークが存在**しています。

たとえば、産土神社が八幡神社系列であったら鎮守神社も八幡系列。産土神様の主祭神がスサノオであったら、鎮守神様はアマテラスというような同時性はよく起こりますから、参考にしてみてください。

鎮守神社でお祈りされるときは、八十九ページの祈り詞「わが産土の大神様」のところを「わが鎮守の大神様」と変えて、お祈りしましょう。

鎮守神社は複数、縁を結んでおく

鎮守神社はいま、住んでいる家の近くにある神社一か所だけと思われているかもしれません。

実は鎮守神社は、**産土神社とは異なり**、**複数とご縁を結べる**ものです。

たとえば、転勤などで何度も引っ越しをしなくてはならないケースもあるでしょう。そのような場合は、その都度、引っ越した土地の鎮守の大神様とご縁を結ぶことができます。

それ以外でも、いま住んでいる自宅近くにある鎮守神社のほかに、勤務先の職場や通っている学校の近くにある鎮守神社も存在しています。

ただし、職場や学校から一番近い神社が、鎮守神社というわけではないのは、産土神社や自宅近くの鎮守神社と一緒です。

職場や学校の近くの鎮守神社も、鎮守の神様との神縁で決定しますから、探しかたは産土神社と同様に、こちらは職場や学校の**二キロ圏内にある神社をピックアップ**して、すべてを訪れて神様からのサインを探していきます。

一日の多くの時間を過ごす場所が勤務先や学校ですから、なにかとトラブルや人間関係における悩みも出ようというもの。

そういうときに近くの鎮守神社との絆ができていれば、よりよき方向に行くようにと後押しをくださいます。

実際に職場や学校の鎮守神社に参拝した依頼人からは、「職場の鎮守神社に参拝してから、営業成績が飛躍的にアップしました」、「人間関係で悩むことが少なくなりました」というような嬉しい報告をいただいています。

あなたの職場や学校の鎮守神社にもぜひとも参拝し、仕事や学業を実りある

ものにしてもらえたらと思います。

さて、もしあなたが受験生ならば、合格祈願に天満宮へ参拝するかもしれません。天神様は定番ではあるのですが、やはり強力な後押しが欲しいということであれば、あなたの産土神社や鎮守神社に参拝しておくのがいいんです。なによりあなたのことをもっともよく知っておられる神様ですから、あなたがよりよき方向に導かれるようにと奔走してくださいます。

そのうえで、受験校の近くにある鎮守神社にも参拝しておきましょう。受験する学校にも鎮守神社が存在しています。

なにしろ、**受験する学校を守ってくださっている神様に直接お願いできる**わけですから、これほど頼りになることはありません。

試験日当日に「万全の状態で挑めました」、「お陰様で力を出し切ることができました」というような追い風が吹いたなら、これほど心強いことはないでしょう。

もちろん、受験では本人の努力の積み重ねが最優先ですが、それを見た神様がさらなる後押しをくださるということです。

私もこれまで多くの受験生の志望校の鎮守神社鑑定をしてきましたが、依頼人の受験生たちの第一志望校への合格率は難関校も含め八割を超えています。

ですが、合格祈願で神社に参拝されても、棚からぼた餅はありえません。

あくまでも、自分が最大限の努力をして、合格ラインまで引きあげることが必要です。いくら神頼みをしてみても偏差値が三十から七十になるような、好都合はありえないということです。

受験の合格祈願では**自分の努力が九十七パーセント、残りの三パーセントが神様からの後押し**と思いましょう。

「なんだ……たったそんなものか……」とがっかりしてはいけません。

受験では本人の学力以外に、試験日当日の体調が万全か、緊張であがらずに全力を出し切れたか、そういったことも大きく作用してきます。

とくに第一志望の受験日で、ベストの状態で挑むことができるということがどれほどの後押しになるか、想像に難くないでしょう。受験生にはぜひとも産土神様にご挨拶してから、受験に挑んで欲しいと思います。

どのくらいの頻度で参拝に行けばいいの？

「産土神社や鎮守神社にはどのくらいの頻度で参拝するのがよいですか」

このような質問をもらうことがよくあります。

実は、参拝すべき頻度にルールはありません。**参拝は回数よりも質の世界**ですから、何回以上参拝しなければ効果がないというようなことはありません。

あなたのお気持ち次第です。

産土神社や鎮守神社をはじめて知ったという場合は、いままで縁ある神社へは未参拝か、参拝したことがあったとしても、縁があるということは知らないで参拝していたわけです。

そのことを思えば、たとえ月に一度の参拝であっても、**縁ある人間が顔を見せにきてくれることは神様にとってとても嬉しいこと**なのです。


人間が感謝の思いを捧げ、神社のご開運をお祈りすれば、それこそ涙を流して喜ばれているかもしれません。

実際に私自身が参拝したときも、神様が大変喜ばれているのを感じることは多々あります。


とはいえ、やはり忙しかったり、遠く離れた場所に住んでいて、参拝に行けないという時期もありますね。とくに産土神社は生誕地の場合がほとんどですから、現在は離れて生活をしている場合は、なかなか参拝に行くことは叶わないことでしょう。

あなたが忙しくて参拝にこられないときでも、神様はやはりあなたのことを気にかけてくださっています。

そのことがわかるエピソードとして、私の妻の産土神様の話を紹介します。お伝えした通り、妻の産土神社は、陰陽師《おんみょうじ》の安倍晴明公《あべのせいめいこう》に所縁のある立石熊野神社です。

妻に同行して一緒に参拝すると、独特の神気を感じます。こういういいかたをするとなんですが、この神社におられる神様はとても面白い神様なのです。それはそれは、とても頼りになる神様なのですが、ユーモアにもとっても富んでおられるんですね。そんなユーモアのある妻の産土の大神様からは、年に数度、私にメッセージが入ることもありました。

「そろそろ連れておいで」

これは、妻がしばらく参拝にきてないから「連れてきなさい」という意味なんですね。最近はよくうかがうようにしていますが、数年前までは神様に催促されて、参拝に行くこともしばしば。

妻の産土神様だけでなく、産土神社鑑定の依頼人の産土神様より、私にメッセージが届くこともあります。

「そろそろ参拝にくるように伝えて欲しい」

メッセージを受けとった私は、そのことを本人に伝えると、たいそう驚かれ、慌てて参拝に行かれるなんてこともありました。

このように、あまりに無沙汰にしていますと、神様から催促をいただくこともあるんです。

お気持ち次第とはいいましたが、**神様もあなたのことを気にかけてくださっているわけですから、近くにある産土神社か鎮守神社に、月に一度は参拝されるといい**と思います。

参拝者が多い神社では、あなたは埋もれてしまう

近年パワースポットブームが到来し、テレビや雑誌でも神社が紹介されるようになりました。

華やかな芸能人の影響はやはり大きいもので、放送後には多くの観光客が一気に押し寄せることとなります。

大きくて有名な神社に、観光として訪れるのも楽しくてよいでしょう。

しかしながら、**人気の神社にただ行って、ただ参拝するだけだと、開運することは難しい**のが現状です。

なぜなら、テレビや雑誌で紹介されているような有名な神社であったとしても、それが万人共通のパワースポットというわけではないからです。

「人」と「人」、そして「人」と「もの」にも相性があるように、**人と神社であっても、相性のよい、悪いは必ずある**ものです。

ただやみくもに大きくて有名な神社へと参拝しても、手応えが感じられない。なにも変化が起きない。

そういう経験をされたことはないでしょうか。

そのような場合であっても、参拝のまえにある準備をするだけで、劇的に改善されます。まずは方法をお教えするまえに、なぜ手応えのない参拝になってしまうのか、その理由をお伝えしましょう。

有名な神社には、たくさんの観光客が押し寄せるようにして、参拝していることが多いですね。

そこに手応えのない参拝の理由があります。

実は神様は、一度に大勢の人間の顔や名前、祈願ごとを覚えようとはされません。

たとえば、あなたにも似たような経験はありませんか？　大きな会食でたくさんの人に会ったとき、帰ってからいただいた名刺や連絡先を見返しても、顔を思い出せない……。

これと一緒で、大勢の参拝者が足を運ぶような人気の神社では、神様も参拝者全員の名前と祈願をきちんと覚えることをされないのです。

これでは、とても力のある神様の神社に参拝したとしても、お力添えをいただくことは、あまり期待できません。

変化がないだけであればまだしも、残念ながら、**行ったことで逆に運気が下がったり**、**体調不良になったりする**ことさえ起こります。

では、なぜそんなことが起こるのでしょう。そこにはそれなりの理由が存在しているんです。

たとえば、あなたが面識のない大会社の社長に会いに行くとしましょう。あなたはその会社にいきなり行き、受付でこういいます。

「○○と申します。社長にお会いしたいのですが」

受付で応対する人はおそらく、このようにいうのではないでしょうか。

「○○様ですね。お約束はされていますか?」

そこであなたが面識もなく、アポイントもとっていないことを告げると、半ば呆れられながら「申し訳ございませんが……」と門前払いをくらうことになります。

私たち人間界のマナーとしては、これは当たりまえのことですが、実は神社参拝のマナーにもこれに似ているところがあるんです。

そう、大会社を神社におき換えてみますと、さしずめ一宮《いちのみや》といったところでしょうか。

一宮とはその地域におけるもっとも格の高い大きな神社のことです。

神社参拝の場合には、ありがたいことに事前のアポは必要ありません。いきなり大きな神社に参拝に行っても、神様はお会いしてくださいます。

お会いしてはくださいますが、ただその迎えかたには差が出るんですね。この「差」というところが肝心です。

事前にその一宮の神様に、あなたが参拝に行くことが伝わっているかどうかが、この「差」をつくります。**神社参拝でもアポイントを取ることで、神様が笑顔で迎えてくださる**わけです。

さて、それでは事前にあなたが一宮の神社に参拝に行くことを、どうやって伝えればいいのでしょうか。神様には電話もメールもすることができませんよね。

「それでは、どうやって参拝に行くことを伝えればいいの？」

そう思うかもしれません。

このようなときには、神様にあなた自身を紹介していただくのです。

他でもない、**あなた担当の神様に、参拝する予定の神社の神様に紹介してい**

ただくようお願いすればいいのです。

神様同士にはネットワークのようなものがあり、あなたの守護の神様は、あなたと大きな神社とのご縁を繋ぐ、そういった役目も担っています。

このように、守護の神様を通して、事前に参拝に行くことをお伝えすれば、特別待遇で神様に迎えていただけます。

それはＶＩＰ扱いともいえるものになるでしょう。

多くの参拝者で溢れる神社にお参りしたとき、「私の願いはしっかり届いているのかな……」と不安になられたことはないですか？

とくにお正月の初詣では、祈る時間などそれこそ数秒しかありませんし、なおさらでしょう。

ですが、特別待遇の参拝ではそんな心配すらいりません。

神様からは、紹介者のいるあなたは光り輝いて見え、その祈りもしっかりと届きます。

神社に漂うよくないものから守ってくださる

産土神様は、他の神様とのご縁を仲介してくださるだけではありません。**神社に漂う「念」から、あなたを守ってくれるのも産土神様の役目**です。

パワースポットとして有名になった神社に行く場合、そのような場所ではご利益目当ての人たちも多く参拝されます。

そのような神社を霊的な目で見ますと、欲の念が拝殿のまえに溜まっていることがあります。念が灰色の雲のようにうず高く、賽銭箱のあたりに積もってしまうことがあるのです。

あなたに目視することができなくても、そのなかに入って参拝すれば、敏感な人だと体調を崩すこともあるでしょう。

私はこれを「念当たり」と呼んでいるのですが、**人の我欲による念というものは本当に強い作用を及ぼすので、一般的には目視できないだけに気をつける必要があります**。

せっかく行ったパワースポットで、他人の念による邪気を受けてしまっては元も子もありません。それを避けるためにもしっかりと守護の神様との絆を結んでおくことです。絆ができていれば、身体の周りに見えないバリアのようなものを張っていただけます。そのお陰で「念当たり」による被害を最小限にとどめられるのです。

神社参拝の世界では、有名な神社と多くご縁を結んでいくことが大切なのではありません。まずは**自分にとって最重要な神様との絆を結び、そこから放射状にご縁を繋げていくことが大切**です。

産土神様にお会いするという優先順位を踏まえた参拝を心がけていくこと。

それが神様からの最高の追い風をいただくコツとなります。

神社には参拝するべき順番があります

いままでのことを踏まえると、神社参拝では参拝しておくべき神社の優先順位があるということがおわかりいただけたかと思います。

多くの神様を味方につけようと、力のある神社を片っ端から参拝する人が、私の依頼人のなかにも大勢いらっしゃいました。

たいていは、実社会でも人脈を大事にしている経営者に多い傾向があるのですが、**有名な神社であっても、自分にとって大切な神社と先に絆を結んでおくことではじめて、参拝が活きてくる**ことになります。

それには**まず産土神社**です。あなたのことを生まれたときから旅立ったあとまでずっと守護してくださる最重要な神様との絆を先にしっかりと結んでおきましょう。

その**次に鎮守神社**。鎮守神社は現在あなたがお住まいの地域に存在し、産土の大神様との神縁で決定します。鎮守の大神様は日常生活におけるすべてのことに後押しをくださるので、鎮守の大神様との絆を太くしておきますと千人力の安心感が得られます。

鎮守神社はお住まいから遠くても数キロ圏内ですから、日頃からできるだけ参拝しておきたいところです。

産土神社と鎮守神社に次いで重要となってくるのが、**住んでいる地域を統括している神社です。それが一宮総社・総鎮守**になります。

一宮は旧国における最上位の格式の高い神社、総社は旧国のすべての神々を祀る神社、総鎮守はお住まいの地域の神社をまとめる中心的な存在となります。

一宮は各都道府県に鎮座されていますので調べておきましょう。

これらの神社にも、**産土神社と鎮守神社に参拝したうえでご挨拶に行きますと、神様にたいそう感心されます**。

そして参拝によって神様とのご縁による土台ができあがるわけです。土台がしっかりとしていれば、ぶれることがありません。有名な神社に足繁く通うまえにしっかりと参拝しておきましょう。

一宮や総社には、年に一度は参拝しておきたいところです。総鎮守にはもう少し多めに参拝することが理想です。

また、こういった大きな神社には、肩書があります。

参拝する際に祈り詞を唱える場合は、神社名のまえに必ず肩書も添えるようにしてください。

たとえば、武蔵国一宮《むさしのくにいちのみや》、氷川神社におわします大神様、武蔵国総社《むさしのくにそうしゃ》、大國魂神社《おおくにたまじんじゃ》におわします大神様。江戸総鎮守《えどそうちんじゅ》、神田神社におわします大神様といった具合です。

大きく格式の高い神社では、威厳もあって、プライドの高い神様がおられることも少なくありません。肩書をつけて祈られると、しっかりとあなたのことを覚えてくださることでしょう。

たったこれだけのことでも、神様に気に入ってもらえますから、ぜひ祈るときは肩書を忘れないようにしてください。

有名な神社に参拝に行くまえに

さきほどもお伝えしていますが、パワースポットと名高い観光地となっている神社に行くとき、ただ行くだけではたくさんの参拝者に埋もれてしまい、願いが届かない場合があります。なにも変化がないというだけならまだしも、「念当たり」を起こして、運気が下がったり、体調を崩したりすることも起こりかねません。

せっかく参拝するのですから、神様に顔を覚えてもらえるような有意義な参拝にしたいですよね。そのためにはまず、**産土神社か鎮守神社に行き、あなたを担当している神様のネットワークをお借りする**のです。

たとえば、出雲大社に参拝する予定があるとします。その場合、まず産土神社か鎮守神社へ参拝に行き、神様にあなたのことを紹介してもらうようお願いをしましょう。

〇月〇日に出雲大社様へ参拝させていただく運びとなりました。
このご縁に心から感謝いたします。
よろしくお伝えください。

あなたがそうお祈りすると、神様同士のあいだで、事前に連絡が通ります。そうすると参拝先の出雲大社において、「聞いているよ。よくきた、待っていたぞ」と神様にとても歓迎されるというわけです。このように、**神威のある神社や格式の高い神社に行くときは、まずは自分自身に縁ある産土神社や鎮守神社に挨拶しておくことが、神仏の世界では大切なルール**になるのです。

そうして、産土神社を軸として、他の神社へも参拝していくと、そのうちの何社かの神社が守護神社になってくださいます。そして、応援してくださる神様の数も、どんどんと増えることになるんです。私自身も産土様や鎮守様以外の神社にもできるだけ参拝をするようにしています。

そして日頃から人によくいただくのが、「産土神社や鎮守神社以外でオススメの神社はありますか」という質問です。

私は産土神社鑑定士という仕事柄、結界を張った室内での仕事が多く、日本全国、すべての神社に参拝したわけではありません。神社と人間にも相性がありますから、一概に「ここはいいです」とはいい切れない部分もあります。とはいえ、やはりこの仕事をしていますから、他の人に比べれば神社参拝をしています。そのなかでも、関東圏内で、特別に素晴らしいと感じた神社がありました。

私は神社に参拝に行きますと、そこにおられる神様に意識を同調していきます。たとえるなら、ラジオの周波数を合わせるようなイメージでしょうか。そうすることで、神様からメッセージをいただくのです。

私はとある神社でこのように意識を同調させたところ、かなり格の高い神様がいらっしゃいます。はじめてお会いしたときには、思わずその場にひれ伏そうかと思ったほどでした。その凛とした空気と神気の気高さはたとえようがなく、威厳があるのですが、けして威圧的ではありません。自然と跪《ひざまず》くようにして祈ったのは、はじめてのことでした。

その神社は、千葉県館山市に鎮座する安房国一宮《あわのくにいちのみや》　安房神社《あわじんじゃ》です。

安房神社の創始は神武天皇が初代の天皇として御即位になられた皇紀元年（約二七〇〇年前）と伝えられている国内でも有数の古社。旧社格は官幣大社《かんぺいたいしゃ》という最高位の神社です。現在も別表神社《べっぴょうじんじゃ》という優れた社に定められています。

境内の一角には精妙な気に充たされている場所があり、同行した妻が「ここに一時間くらい立っていれば、病気も快方に向かうかも」といったほどです。

私も妻の言葉に思わず同意しました。

あなたにも、ぜひとも参拝して欲しい神社です。**神社参拝を続けていると、必ずそのような社に出会うときがきます。それは生涯の宝となります。**

年に一度は正式参拝を

もし、あなたが守護力、開運力を大幅にアップしたいと思うなら、年に一度は正式参拝をすることをオススメしています。

正式参拝とは拝殿のなかへと入り、神職に祝詞《のりと》を奏上してもらい、神様に祈願していただくというもの。

あなた自身も拝殿のなかへと入ることから、より神様に近づくことができます。**より産土神様との絆を太くしたいなら正式参拝は大変、効果的**です。

あなたの産土神社や鎮守神社が、神職の常駐していない小さな神社の場合は難しいのですが、社務所がある神社の多くでは、正式参拝を受けつけています。

正式参拝を受けるときは、社務所でなにを祈願するのかを伝えます。

身体健全、合格祈願、商売繁盛、病気平癒、良縁、安産、とくに祈願がない場合は、**神様に感謝の思いを捧げる神恩感謝《しんおんかんしゃ》**でいいでしょう。

また、正式参拝を受けられるときは、あまりラフな服装は控え、可能であれば正装するのがベストです。

料金は初穂料《はつほりょう》といいますが、現在では値段を提示しているところが多いです。個人ならば五千円からといった具合です。お気持ちでそれ以上納められましてもかまいません。

大きな神社ならば、複数人まとめてご祈祷が行なわれますが、個人の場合は時間にして十五分から二十分程度でしょう。ご祈祷がおわれば、お神酒をいただき、お神札などの授与品を受け取って終了となります。

そして、**正式参拝を受ける神社は**、**やはり産土神社や鎮守神社がいい**のですが、そこで受けられない場合は、次いで地域の一宮や総鎮守、氏神神社でもいいいでしょう。

有名な神社での正式参拝を好む人もいるのですが、まずはあなたに近しい神社で正式参拝を受けてからのほうがいいです。

それが神様に対する礼儀ある順序というものですから。

正式参拝を受けることで、産土神様とご先祖様も大変喜ばれます。

守護力のパワーアップ、開運力アップになりますから、できれば年に一度は受けておきたいところです。

また、正式参拝をはじめとする産土神社の祭祀や神事には、ぜひ積極的に参加して欲しいと思います。産土神様も大変喜ばれますし、神様との絆が格段に強く太くなっていきます。

私は以前、亀戸天神に足繁く参拝していたときがあり、そのときに神様の歓迎を感じたエピソードがありますので、紹介したいと思います。

ある年、亀戸天神の例大祭に季節外れといえる大きな台風が直撃したことがありました。

神社にとって、もっとも重要とされる祭祀が例大祭です。私は例大祭には必ず参拝するようにしていたのですが、その日は朝から嵐となりました。

私も「この嵐ではさすがに無理だからやめようか……」と思ったのですが、すぐに「いや、例大祭なのだから、やはり行くか」と向かうことにしたのです。亀戸の駅につきますと風雨はますます強くなり、歩いている人もまばら。亀戸天神に到着したときには、傘は壊れて全身がびしょ濡れでした。

本来ならば、例大祭は多くの人で溢れていますが、私の他には誰一人としていませんでした。ものすごい風雨ですから、無理もないわけです。

それでも手水を済ませて社殿の近くまできますと、神職の祝詞の声が聞こえてきます。

私は神事の様子を少し離れたところからうかがっていたのですが、そのときのことです。

拝殿のなかに座っていた氏子さんの身体を貫通して、なにやら黒い物体が私を目がけて飛んできました。常識的には、人の身体を貫通することなどありえませんが、私の目にははっきりとそう見えたわけです。

それは私を目がけてぐんぐんと近づいてきます。

それが三メートルくらいまで近づいたとき、蝉《せみ》だということに気づきました。

その蝉は呆気にとられている私の胸の真んなかにとまります。

私は胸にとまっている蝉の頭を、右手で撫でてみました。蝉は鳴くこともなく、おとなしくしています。

ですが、私は「これは蝉であって、蝉ではないのだな……」と胸の蝉を見て思います。なぜなら、神気を強く感じたからです。

しばらくして私は蝉をそっと掴み、そばにある梅の木にとまらせました。そしてなに気なく目線を他に向けると、一瞬のうちに蝉の姿は消えてしまいました。時間にすれば、一秒のことでしょう。音もなく、スッと消えてしまったのです。

二章の神様からいただくサインの話でも、動物や蝶、鳥などの姿を借りて、私たちのまえに現れるということをお伝えしましたが、私のまえにはこのときは蝉の姿となって現れてくださいました。

蝉だけでなく、とんぼや蛇などもそうですが、**神様は太古の生きものを遣わされることがよくあります**。私自身も何度か、生きものを通して神様からのメッセージを受け取ったことがあります。

とくにこの日は台風という天候で、参拝者も他にいませんでしたから、このような形でサプライズをいただけたのでしょう。

神事に参列する人間を神様は喜んで迎えてくださっていることを私自身もこの参拝で実感した次第です。

自分の開運だけでなく、神様の開運も祈る

前章で参拝の祈り詞を紹介したかと思いますが、そのときに自分だけでなく神様の開運も祈りましょうとお伝えしました。

ここではその理由をお伝えできればと思います。

お客様に「参拝している神社のご開運をお祈りしましょう」と伝えると、「自分や家族の開運ではなく、神様の開運ですか？」と驚かれることがあります。

意外なことかもしれませんが、**神様も私たち人間と同じように、元気をなくしたり、疲れきってしまったりする**ことがあります。

そのようなときの神様は、充分に力を発揮できませんし、それゆえに活動を停止してしまう神様もいるほどです。

そのような**神様を元気に復活させるのが、私たち人間の感謝の祈りになる**のです。

「ただただ感謝する」という人間の清い思いは光に満ちており、その光を受け取ることで神様はパワーアップしていくわけです。

神社参拝に行かれたおりには、「○○神社におわします大神様のますますのご開運をお祈り申しあげます」、「○○神社の大神様、大好きです！」とこういった言葉を祈りの最後にかけてあげてください。

それは神様たちのエネルギー源といってもいいでしょう。

祈りの最後にその感謝をお伝えすることで、神様は元気と笑顔を取り戻されるわけです。

とくにその神社に縁ある人間が感謝の参拝によく訪れるようになりますと神

社のご開運はどんどん進みます。

人間の願いも大きなことが最初から一気に叶うことがないのと一緒で、神社のご開運も徐々に目に見える形で実を結んでいきます。

小さな願いが形になることを積み重ねながら、やがてそれに加速力がつくようになるわけです。

さて、神社のご開運とは、どのようなものでしょう。

◇参拝者が増える
◇境内がきれいになる
◇手水舎が新たに完成する
◇鳥居が建設される
◇神事が行なわれるようになる

目に見えることとしては、こういう形で進んでいきます。

それらもすべて、最初はたった一人の感謝の参拝からはじまることも少なくありません。

私自身も、神社の開運が進んだところを実際にこの目で見たことが何度もあります。

私がときおり参拝へ訪れる神社でのことです。

そこは地域のなかでも比較的大きく、歴史もある……そんな神社です。

豊かな鎮守の森も残されているものですから、境内には心地よい神気が満ち、この神域がずっと残っていって欲しいと感じたものです。

ただ残念だったのは、手入れがいま一つされてなく、掃除が行き届いていなかったことです。

手水はあるのですが、水が汚れていたり、一般の人が参加できる神事がなかったり……、そのためもあるのでしょう。参拝者もあまり見かけず、寂れた印象さえ感じました。

たまに見かける宮司様に「こんにちは」と挨拶しても、返事はなく、無表情に軽く会釈するだけ。言葉は悪いですが、やる気も覇気も見て取れず、この宮司様の心の状態がそのまま反映された神社といえました。

そして、なにより気にかかったのは、拝殿でお祈りしても、神様にあまり元気がないことです。

「もっとこうすれば　よくなるのにな……」

私も仕事柄、さまざまな神社を見ているものですから、そんな思いはどうしても湧いてしまいます。

私自身も、少しでもこの神社のご開運が進むようにと、足繁く参拝に行ったものです。

本殿はもちろんですが、摂社にも神様を元気づける祈りを捧げ、ときおりは、本殿に光の神玉を降ろすというような神業をすることもありました。

それから数年が経ち、日々の境内の掃除、由緒書きの設置、神事の復活と、目に見えて活気が溢れる境内へと変貌をとげることになります。いまでは参拝者もずいぶん増え、初宮参りや七五三のご家族もよくみかけるほどです。

そして、この神社ではご子息が宮司として、あとを継ぎました。とてもやる気に充ちた宮司様で、神社のことをよくしていこうと尽力されています。

そして、なにより一番の変化は、神様が元気になられたことです。

拝殿でお祈りしていても、伝わってくる神気が明らかに強くなったことを感じました。私も長年、気にかけていた神社でしたから、この変化はとても嬉しかったですね。

このように、人間の清き祈りには、果てしないパワーが秘められています。**ぜひともあなたの感謝の参拝で、日本中の神社におわします神様を笑顔に、元気にしてあげてください。**

そして、双方にとって、真のご開運への道を歩んでいただければと願っています。

お守りは神社の開運の要

神社の開運についてお伝えしてきましたが、私たちが神社の開運を手助けできる方法があります。

それはお守りを買うことです。

わかりやすくお伝えするために、「お守りを買う」といいましたが、実際のところ神社のお守りは授与品と呼ばれ、これらは「買う」のではなく、奉納するお金としてお渡しします。

神社にとっては貴重な収入源。とくに限定品のお守りは、それを求める参拝者で、前日の夜から長蛇の列ができることも珍しくありません。

たった一つのお守りのお陰で、神社の開運が飛躍的に進むこともあります。

お守りも有名な神社のものより、あなたに縁ある産土神社や鎮守神社のお守りを持つことが最適です。

そして**常に身につけて持ち歩くことで、守護の神様と共にある生活に、心の平安を感じられる**でしょう。

お守りで大切なのは袋ではなく中身。この中身のことを内符《ないふ》といいます。

昔の人たちは自分でつくった袋に、内符を入れて身につけていました。

現在でも内符だけを授与している神社もあります。

お守りで気をつけることは、この内符を開けてはいけません。

「なにが入っているんだろう……」と開けてみたい気持ちもわかりますが、開けると穢れが入り、効力も一気に弱まることになりますので、グッと我慢して開けないようにしましょう。

「お守りは何個までなら、持てますか」という質問もよくいただきます。

お守りは複数個、持っていてもかまいません。よく巷でいわれるような「お守り同士が喧嘩をする」ということはありませんので、安心してください。ですが、お守りはコレクションするものではなく、神様の力が込められている神聖なものということをけして忘れないようにしましょう。

ご神札ほどの力はないですが、**大切に扱えばしっかりと神霊が宿ります**。また、お守りの効力もご神札と同じように一年ぐらいですから、毎年新しいものに交換するのが望ましいです。


以前、お守りにかんする質問をブログからいただいたことがあります。

「私は小学生のときに祖母からもらったお守りを、いまでも大事に持ち歩いています。もうぼろぼろなんですが、捨てられないんです。

古くなったお守りは、神社に返さないといけないのでしょうか？」

孫を思うお祖母様の気持ちと、そのお守りをずっと大事にされている彼女の気持ちがひしひしと伝わってきます。

お守りに決まった有効期限はありませんが、通常は一年で買った神社に納めます。一年間、守っていただいたことへ感謝しつつ、境内の古札納め所で返します。また、納め所がない場合や、帰省先で買った場合、返しに行けないことがあります。その場合は、郵送でお納めするというのも一つです。

または、天神様で買ったなら、天神様へお納めするというように、買った神社と同じ系統の神社に納めるのもいいでしょう。返す時期は、年末が一般的。お正月の初詣などが多いはずです。

話は戻りますが、質問のお祖母様からもらったお守りのことです。

私はこのお守りは、神社に返さなくていいと思っています。

こういったお守りは、もはやお守りという枠を超えて、お祖母様との思い出がたくさんつまった宝物といえるでしょう。

生涯、大事にされるとよいと思います。

神様からメッセージをいただく方法

神様からのご神託をいただきたいと願う人は多いのですが、霊的な能力が高い人は別として、一般的に神様から直接メッセージを受け取るのは難しいのが現実です。しかし、喜ばしいことに、**誰もが気軽にご神託を受け取ることができる方法**があります。

それは、おみくじです。

「おみくじって運試しや占いじゃないの？」と思うかもしれませんが、**神様はあなたに伝えたいことを、おみくじを通して伝えてくれます。**

おみくじも**基本的に、自分に縁ある神社でひかれるのがいい**でしょう。縁ある神社におみくじなどがない場合は、できるだけ自分に近しい鎮守神社などでひくことです。

そうすることで、**あなたのことをもっともよく理解している神様よりメッセージをいただけます。**

おみくじは参拝のあとにひくのが基本ですが、ここにもコツがあります。

普通であれば、社務所に行っておみくじを引き、引きおわったらお金を納めます。

そして、開けて結果を見るわけですが、これだけではもったいない。

おみくじをひくときに祈念する、これでもまだもったいない。

おみくじは当たり外れのくじ引きとは違い、そこには神様からのメッセージがしたためられています。

それを自分のために向けられたメッセージとして、受け取るためには、拝殿での参拝のときに神様にしっかりとお伝えする必要があります。

これより社務所において、
おみくじをひかせていただきます。
いまの私にお伝えしてくださる
メッセージがありましたら、
どうぞよろしくお願いいたします。

祈念したあとに、こうお伝えすることで神様も「あいわかった」となります。

たとえば、引っ越しや転職などの**具体的なアドバイスが欲しいときには、そのこともお伝えする**といいでしょう。

地域によって順番が異なることがありますが、おみくじは基本的に、大吉・吉・中吉・小吉・末吉・凶という順番になります。誰もが大吉を望みますし、大吉が出れば嬉しいですが、おみくじの吉凶判断はあまり意味がありません。

それよりも大切なのはそこに書かれているメッセージ。**あなたが「これよりおみくじを引かせていただきます」と神様にお伝えしてのおみくじですから、そこには必ずあなたに向けた言葉が存在**しています。

結果に一喜一憂するのではなく、神様がおみくじを通して、どのようなことを伝えようとしているのかを読み解くようにしましょう。

おみくじは同じメッセージでも、読む人が違えば、そこから受け取るメッセージはまったく別のものとなりえます。どこまで本質を読み取れるかはあなた次第。それだけに、いただいたおみくじは、境内の木には結ばずに持ち帰ることをオススメします。そして、**ときおり読み返してみることで、新たな気づきもえられます**から、しばらくは持っておきましょう。すぐに結んで帰るのはもったいない。ぜひ持ち帰りましょう。

たとえ最初にいただいたメッセージが受け入れられなくとも、その場でもう再度、引き直すというのはよくありません。人間社会と同じように神様と人間とのあいだでも信頼関係は最重要。信頼のおける尊いアドバイスをいただきたいのであれば、神様を心から信頼することです。

第5章

守護の神様が多い人の習慣、少ない人の習慣

守護神様が多い人、少ない人の習慣

日本はたくさんの神様がいる国ですが、実は私たちには産土神様以外にも複数の神様が守護神様として、私たちを守ってくださっています。

もちろん、一番は生涯にかけて担当してくださる産土神様です。

産土神様は誰にでも必ずいらっしゃって、担当した人を生涯守ってくださるのですが、**産土神様以外の神様もあなたを守ってくださる**んですね。

産土神様以外の守護の神様は、そのときどきで増えたり減ったりすることがあります。

「守護してくださる神様が増減するの？」と不思議に思うかもしれませんが、人は歳を重ねて成長するごとに必要な手助けが変わっていきます。

それは子育てを例にするとわかりやすいかもしれません。生まれたての赤ちゃんと自分の考えを持って動くことができる中学生の子とが、同じ育てかたでうまくいくはずがないのと一緒です。

そのときのあなたに必要な手助けができる神様が入れ替わったり、役目をおえた神様が立ち替わったりするのです。

あなたのいまの状態や魂の成長にあった力を持っている神様があなたの元に訪れるわけです。ある意味では、生まれてから死ぬまで担当してくださる産土神様が特異な存在ともいえるでしょう。

私自身も「守護神様が入れ替わったな」と気がついたことがありました。

そのときは、急にネコに好かれるようになったのです。道を歩くと、見知らぬネコが声をあげてすり寄ってくるということが何度も起きました。

「ネコをとても好きな神様が、新たな守護神様として私についてくださったのだ」と神様の入れ替わりを感じたものです。

このように、いまのあなたに必要な神様が新たに守護神様として加わってくださるということもあります。

ネコに好かれるようになった私にも、新しい神様がそのときの私に必要な手助けをしてくださるために、守護についてくださったというわけです。

しかしながら、神様からの守護の度合いを比べてみると、残念ながら人それぞれで差があるんですね。

ついている神様の本気度も異なれば、ついている神様の数にも、人それぞれで差があるわけです。

なぜ、そのようなことが起きてしまうのでしょうか。

神様という存在はとても感情豊かです。私たち人間と同じように、喜んだり、悲しんだりされるんですね。

それだけに、私たちの行ない一つで、神様の後押しも変わっていくように思います。

やはり、**たくさんの後押しをいただくためには、神様から愛されることが重要**です。


そして、私の長年の経験から、神様から特別に愛されている人たちには、いくつかの共通点があるということもわかってきました。その共通点は参拝の作法やコツといった「誰でもすぐにできる」といった類いのものではなく、習慣や心がけといった、その人の性質にかかわるもの。

なかなか真似をするには難しい部分もあるかもしれませんが、逆にいえば、**会得すると人生を大きく変えるような開運が望める**ものですから、ぜひ参考にしてみてください。

愛され力を磨けば、守護神様が増えていく！

神様に愛されている人はどのような人だと思いますか？

たとえば、成功者と呼ばれる人たちはどうでしょう。

私自身も仕事柄、多くの成功者に会う機会があります。彼らの特徴としては、とても信心深い傾向があり、自分の神様や風水、神棚などについて、開運のアドバイスを知りたいということで、私に依頼をされるのです。

開運アドバイザーとして、彼らの自宅や会社にうかがうわけですが、お会いすると、やはり謙虚で人柄の優れた人が多く、私ですらも「応援したい」と感じることが多々あります。

どのような分野であれ、成功されている人たちには、どこか「助けてあげたい」、「応援したい」と思わせるような魅力を持っている人が多いんですね。

実は神様でも同じことなのです。

神様に愛されて最大級の後押しをいただく、そのためには**神様に「助けてあげたい」、「応援したい」と思ってもらえるような人間になること**です。神様は努力を惜しまず、素直な心と感謝の思いを大切にしている人間を好んで後押しされます。

一方で、不義理をしたり、道理の通らない振る舞いをしたりすれば、神様もうんざりされることでしょう。

神様の立場をあなた自身におき換えてみて、そのことについて考えてもらえたらと思います。

たとえば、あなたが会社の同僚から頼みごとをされたとします。

「お忙しいところ恐れ入りますが、仕事が多くて時間がないので、資料をつくるのを手伝っていただけませんか」と丁寧にお願いされて、あなたは快く引き受けました。

あなたにも自分自身の仕事がありますから、頼まれた資料は残業をしてつくろうとしていたところ、その同僚は定時になってすぐに「お先に失礼します」と帰ってしまいます。

残業してつくった資料を翌日、出社してきた同僚に渡しましたが、その同僚はお礼もいわずに、「今度はこちらの資料もお願いできませんか」とまた丁寧な言葉で頼みごとをしてきました。

さて、あなたはどう思われたでしょうか？

「お礼をいって欲しい」、「自分でも資料をつくる努力をして欲しい」、そう感じたかもしれません。

お願いのしかた、つまり参拝の作法は丁寧でも、自分自身でどうにかしようという努力もせず、ましてや願いごとを叶えてもらってもお礼もいわない……、悪気はなくてもあまり気分のいいものではありません。

あなた自身の参拝を振り返ってみましょう。

願いごとが叶ったとき、神様にきちんとお礼を伝えていますか？

自分のことを棚にあげて、都合のいい願いごとばかりしていませんか？

もし、あなたに思い当たる節があるならば、「この人間を応援したい」と思っていただけるような人間へと変わっていく必要があります。

もちろん、カンタンにできることではありません。性格や気質を変えていくのはなかなかに難しいことでしょう。ですが、誰でもカンタンにできることもあります。

それは、**神様に感謝を伝える**ことです。

「たった、それだけ？」と思うかもしれませんが、神様はこのような小さなことでもとても喜んでくださいますから、まずはあなたに縁のある神様に感謝を伝えることからはじめてみてください。

魔法の言葉は十音でできている

神様に愛される人にはいくつかの共通点があるとお伝えしましたが、そのいくつかある共通点のなかでも、私が一番に感じている際立つ特長があります。

それは「言葉遣い」です。

神様に愛される人は漏れなくみな、言葉遣いがとても丁寧で、きれいな言葉を使うのです。

言葉には言霊《ことだま》といわれるように、言葉そのものに魂が宿ります。

そこには波動の高い言葉もあれば、低い言葉もあります。

「波動」というと難しく感じるかもしれませんが、波動はエネルギー。「振動波」や「引き合う力」といえるでしょうか。

わかりやすく説明をすると、**言葉にもエネルギーがあり、よいエネルギーと悪いエネルギーがある**ということ。

言葉には目には見えない強い影響力があり、特有の波動を持っています。言葉だけではありません。この世に存在するすべてに波動があって、もちろん私たち人間も引き寄せ合っている存在といえます。

また、波動は常に一定ではありません。高くもなれば、低くもなるので、そのときの状態に応じて、引き寄せるものが変動するということです。

神様は波動の高い言葉を選んで使う人間を好まれます。言葉の波動を高くするには、コツがありますから、それをお教えしましょう。

波動の高い言葉の代表格は「ありがとう」や「おめでとう」です。そこには感謝と賞賛が宿ります。この二つはもっとも波長の高い言葉であり、使えば使うほど守護の神様も喜ばれます。

さらによいのは「ございます」をつけること。

「ありがとうございます」と「おめでとうございます」は、二つとも十音になります。

この**波動の高い言葉を十音で発すると、天照大御神様《あまてらすおおみかみさま》の波長に同調することができる**のです。

古神道《こしんとう》では、「アマテラスオホミカミ」という十音の言霊を発する十言神呪《とことのかじり》という行法があります。太陽に向かって、神社の拝殿で、自宅の神棚で、近所を散歩中に、この十音を唱えるというもの。この十音を唱えることは素晴らしくよいのです。

この世は陰陽対《いんようつい》になっており、右手と左手、右足と左足に、それぞれ五本の指があり、十本で成り立っています。言葉でも同じように、「十」の音があると、強い力が宿るのです。……と、少々難しい話をしてしまいましたが、ようする

に私たち人間も、汚い言葉を耳にすれば気分が悪くなりますし、感謝の言葉を受け取れば、心温かくもなろうというもの。

とはいっても、言葉遣いは習慣ですから、なかなか変えることが難しいことでしょう。

それでもなるべく**意識的に、いつもよりも波動の高い言葉を使う**頻度をあげてみてください。最初はなかなかうまくいかないかもしれませんが、毎日続けていれば、それが習慣になりますから。

神様は「軽やか」な人が好き

神様が高い波動を好まれるということと、言葉の波動を高める方法をお伝えしてきました。

言葉だけでなく、この世に存在するすべてのものに波動があります。それは人間も例外ではありません。あなた自身も波動を持っています。

ここでは、あなた自身が持っている波動を高めていく方法をお教えしていきたいと思います。いままでお教えしたことの応用も含まれますから、復習も兼ねて読み進めてください。

神様は高い波動を好まれますが、この「高い波動」をわかりやすい言葉にお

き換えると「軽やかさ」になると私は考えています。

神様が好まれるという「軽やかさ」とはどういうことでしょうか。

神様に祈りを届けるには、祈りの質に「軽さ」が必要という話も、すでにしてきています。拝殿のまえで一心不乱に祈るような質の重い祈りだと、本殿にたどり着くまえに、下へと沈んでしまいますから、神前に立つときは、穏やかな笑顔を浮かべ、祈りを軽やかにすることで、ふわっとした羽毛のように、本殿へと祈りを届ける必要があるわけです。

それができるようになるためには、あなた自身もこの「軽やかさ」を持たなくてはいけません。

心持ちを「軽やか」にすることで、あなた自身の波動を高めることができると、運気もアップするというわけです。

さて、どのような状態になれば、あなた自身の持つ波動が高まるかわかったわけですが、**劇的に、しかも一瞬で、心を軽やかな状態にできるスゴイ方法があります。**

それは笑うことです。

笑うことは「軽やかさ」の象徴といってもいいでしょう。

神様は笑顔の人間が大好きです。

それはなぜかといえば、日々を笑顔で過ごしている人は、発している波動が高いからです。

高い波動の波には拡散力がありますから、あなたの波動の波に触れた、周りの人間の波動も高まっていきます。

そして、それは神様や大自然との波長とも共鳴しやすくなりますから、神様の言葉や意をすんなりと受け入れる素直な心に変化していきます。

神様はそういう人間が増えることを願っている存在ですから、日頃から明るく、よく笑い、思いやりのある人を好んで応援されるわけです。軽い波長が世間に拡散されれば、世のなかもどんどんよくなっていきますから。

もちろん、産土神様はあなたがどんな人間であっても守ってくださいます。ですが、他の神様はやはり、高い波動を持つ人間を好んで、応援されることが多いのです。

「今日一日を通して、笑うことがなかったな」と思う日もあるかもしれませんが、常日頃から笑うことを心がけましょう。

たまにはお笑い番組を観たりして、声を出して笑える時間を増やすようにしてみてください。

開運をしたから、笑顔になるというわけではありません。

笑顔で日々を過ごすあなたに、開運が引き寄せられてくるのです。

開運の道筋つくりは足元から

私は産土神社鑑定士の仕事のほかに、開運アドバイザーとして、依頼人の自宅で神棚を見せてもらったり、風水的なアドバイスをしたりすることがあります。実はここでも、神様に愛される人の共通点をみつけることになります。

開運という言葉を意識したとき、多くの人がパワースポット巡りや、風水などを取り入れようとします。

これらはもちろん、開運効果はあるのですが、それも開運の土台があってこその話。それなくしては砂上の楼閣と同じです。

さてそれでは、開運の土台ともなるべきものはなんでしょうか。

ずばり、それは掃除です。

神様に愛されている人たちの部屋は、掃除が行き届き、整理整頓がきちんとされていることが実に多いのです。

「掃除と整理整頓なんて、そんな当たりまえのことをいわれても……」と思われるでしょうか。

苦手な人からすると「カンタンに部屋がきれいになるなら苦労しない」なんて声も聞こえてきそうですが、**開運とは、いまいる場所から、いいことが起きるまでの道筋をつくること**。

それにはまず、出発点ともいえる、自分の足元から状態をよくしていかなくてはなりません。

そんな観点から、あなたの部屋の状態に注目しましょう。

整理整頓はされていますか？　部屋のすみに埃は溜まっていませんか？

できることからで構いませんから、部屋に出しっぱなしにしているものを、まずは一つ片してみるところからはじめてみましょう。

それから、家族や恋人と一緒に暮らしている人に留意して欲しいことがあります。掃除は、他にやってくれる人がいるから自分はやらなくてもいいというものではないということです。

自分がやらないかぎり、自分の心の掃除になりません。

ほこりを掃うことは、**あなた自身の心の祓いになります。掃除は部屋の運気をあげるだけでなく**、**自分自身の浄化になりますから**、**もっとも手っ取り早くて効果の高い開運法**といえます。

よく、お金持ちが豪邸などに住んでいる場合、業者に掃除を頼むようですが、これはあまりよくないんです。

私の依頼人や知人のなかにも、大きな家などに住みはじめ、清掃を業者に頼むようになってから著しく運気を落としたという人を何人も知っています。

掃除は自分の手で行なわないと祓いになりませんから、身体の不調を感じている人はまず自分自身で掃除をすることからはじめてください。

家の掃除は家長自らが率先して行なわないと、家全体も家族の運気も落とすことになりますから、大きすぎる豪邸はオススメできません。

住み続けたければ、自分で掃除する覚悟を持ちましょう。

人間には一日かければ、すべて掃除がおえられるぐらいの家が本当はちょうどいいのです。

住まいも、神社の境内も、清浄に保ってこそ。

そうすることで神様も喜ばれ、力を発揮されます。

まずは家の掃除です。そして断捨離《だんしゃり》。

気合いを入れてはじめましょう！

お金は気まえよく、すぐに支払う

神様に愛されていると実感できるような開運の土台となるのは、日頃から使う言葉に気を配ること、自分の部屋を清潔にしておくこととお伝えしてきました。言葉遣いにせよ、部屋の状態にせよ、神様はそれらを通して、あなたの心の状態を見ておられるわけです。

それともう一つ、気にして欲しいこと、それはお金の扱いかたです。

三章でお賽銭についてお話したときにも、神様はお賽銭からあなたの情報を知ることができるといいました。

神様はあなたが日頃どのようにお金を使っているか、知ることができるというわけです。「不思議な仕組みだな」と思われたかもしれません。でも、仕組みはとてもカンタン。

なぜなら、お金にも神様が宿るからなのです。

神様には神様同士のネットワークがあるということもお教えしてきました。

お金の神様は、「ギャンブルにお金を使っていた」、「デパートで散財していた」など、あなたのお金の使いかたはすべてお見通しというわけです。

これからは**お金にも意思があると思って扱ってください**。そして、実際にお金には意思があります。

お金は行くべき場所を選びながら、人の手を渡り歩いています。**お金は居心地のよい場所に集まり**、**長く留まるという性質**があります。

私の元には多くの人から「金運アップするのはどうしたらいいですか?」という質問がきます。金運アップには開運法を活用するのも効果的なのですが、一番大切なのは、その土台となる部分です。

土台というのは、私の仕事柄の見地からいえば、守護の神様に好かれるようになること、お金に好かれるようになること。この二つをしっかりと育てることにあります。

神様とお金に愛されるようなお金の使いかたをすれば、お金も居心地がよくて、あなたのところへ集まってきますから、開運と金運アップで一石二鳥。


さて、それでは神様とお金に愛されるようなお金の使いかたとはどのようなものなのでしょうか。

きれいな財布を持ち、整理して大切に扱うということはもちろんなのですが、それ以上に**「人に喜んでもらえる」ことのためにお金を使う人が神様は大好き**です。

プレゼントやお祝いには、お金は惜しまずに使うようにしましょう。受けとった人が喜べば、神様もお金も同時に喜びます。

お金の余裕がないときに、友人のために五千円のプレゼントを買うことは、ためらってしまうかもしれません。

ですが、**あなた自身が心から祝福の思いで差し出せば、そこには素晴らしい波動が宿ります**。

そうすればあなたの波動もあがりますし、やがてあなたが大きく祝福されることになるでしょう。

そして、もう一つ大事なポイントに、「**気まえよく、すぐに支払う**」というのがあります。私たちは生きていくうえで、毎月のようにいろいろな支払いをしています。家賃や公共料金から、スマホの通信料、習いごとの会費やネットでの買いもの。そして、セミナーなどの申込み代金などもそうでしょう。

実にさまざまな支払いをしながら生きています。

この支払いですが、あなたはどうしていますか？

支払いの多くは、銀行の引き落としでしょうか。買いものではカードを使ったり、場合によっては、銀行やコンビニで支払ったりすることもあるでしょう。

そんなときに、申込んではみたものの、買ってはみたものの、そのあとにお金のことが惜しくなり、期日ギリギリまで意図的に支払いを遅らせたりはしていませんか？

そんな気持ちでお金を送り出すと、不調和が起こり、お金の神様にも好かれなくなってしまいます。

どうせ支払わなければならないのですから、気持ちよく、そして神様とお金にも好かれる方法で支払うのがよいでしょう。

支払いだけでなく、**お金を気持ちよく手放せる人は、お金の流れもスムースになり、入ってくるお金の量もスピードもアップしてくる**んです。

血管と血液をイメージしていただければわかりやすいでしょうか。

血管の内側についている不要物は血液の流れを悪くしますが、それはたとえるなら、あなたの執着や不安な気持ちです。

あなたがお金を送り出すことに心地よさを感じれば、不安や執着を手放すことができて、お金の循環も加速していきます。

お金を自分たちの生活のためだけに守ろうとしてはいけません。そうすると流れがとまってしまうのです。

お金は素早く、心地よく送り出してあげてくださいね。
そして活きる使いかたをし、大切に扱うこと。それを習慣づければ、お金の神様との信頼関係も育ちはじめます。
すぐに支払う癖をつけるだけでも、金運がよくなっていくのを感じられるようになることでしょう。

これらのことをしっかりと意識して、日々の生活で反映させていけば、守護の神様やお金との信頼関係が育ってきます。

信頼関係が築ければ、**お金は仲間を伴って**、**あなたの元へとやってきてくれます**し、神様からの追い風も必ず吹くようになりますから。

母方の菩提寺はあなた自身のルーツ

唐突ですが、あなたは両親のどちらに似ていますか？

霊的な世界ではお母様の影響が色濃く出るといわれています。

私自身も肉体的な体質も含めて、霊的な体質や感受性、神仏に対する信仰心なども母親譲りを感じます。

産土神様との神縁はもちろんですが、霊的な体質や資質なども含まれますし、母方のお墓参りをしていないと、知らないうちに霊的な影響を受けているということも多いのです。

霊的な影響……といわれましてもピンとこないかもしれません。どういうことか私の依頼人の例を紹介したいと思います。

私の依頼人であるIさんから「神社参拝にはよく行っているのに、いま一つ開運しているという結果が得られない……」と相談がありました。

「母方のお墓参りや菩提寺には参詣されていますか？」と尋ねますと、「母方のほうのお寺ですか？　いえ……」と、こういう答えが返ってきます。

そこで私は「すぐに母方の菩提寺に行くように」とお伝えしました。Iさんは、すぐに母方の菩提寺に参詣して、ほどなくすると仕事や家族のことが好転しはじめ、とても驚かれることになりました。

実はこういうことは少なくないのです。**霊的な世界では、母方のほうを放っておくとそれがブレーキになっていることがよくあります**。多くの人がお墓参りには父方に行かれますが、母方にも行かれるというのは少数なんですね。

人間は皆、母親から生まれてきます。**霊的な世界の観点からいうと、母方の菩提寺はあなた自身のルーツでもある**んです。

それを大切にする意味からも、私は父方、母方の両方の菩提寺参詣をすることをオススメしています。そうすることで、あなた自身の守護の強化、開運、そして天命への導きを得られ、あなたの家系に縁ある、すべてのご先祖様のご開運に繋がるからです。

「菩提寺ということはお寺でしょう？　産土神様と関係ないのでは」と思うかもしれませんが、そんなことはありません。

仏様と神様は陰と陽の存在。この世のすべては陰と陽との対で成り立っていますが、神様が「光の存在」ならば、仏様は「慈悲」そのもの。

これからの時代は、精神・心を重視していく時代になるでしょう。自己の欲や執着から離れ、思いやりと「与える」ことがますます重要になってきています。「与える」という行為は慈悲を象徴するような行ないです。

今後は、仏様も大いに活躍されるとき。**あなた自身の守護仏様とも絆を太くしておくことが重要ですから、縁ある神社参拝と同様に、縁あるお寺の参詣も大切にしていきましょう。**

もし調べられるようであれば、あなたのお母様の産土神社にも参拝に行くとよりよいでしょう。こちらはカンタンに調べられることではないので、やらなければならないというものではなく、「できるなら、やったほうがいい」こととして捉えてください。

私も母親の産土神社に参拝してから、一気に神仏との感応度があがったことを思い出します。

母親の産土神社の参道は、まさに母胎の産道といえます。産土の世界というのは、生まれ落ちたときからはじまるわけではなく、そのずっと以前、何代も何十世代もまえから続いています。そして、父方だけでなく、母方のご先祖様にも意識を向けられてみてください。

いまのあなたは、すべてのご先祖様の先頭を歩いている存在です。あなたが笑顔で光り輝く人生を歩むなら、それは尊い供養となるでしょう。

おわりに

人と神様は相互に助け合っている関係

本書を最後までお読みいただき、ありがとうございました。

私が「産土神」という言葉をはじめて目にしてから、三十年の月日が流れました。

その私も今年で還暦を迎えましたので、これまで人生の半分を産土の世界と共に生きてきたことになります。

そのなかで、ずっと心に残っているエピソードがありますから、最後に紹介したいと思います。

私が産土神社鑑定をした依頼人のお話です。

彼女は私に鑑定を依頼したとき、「あの神社でなければいいいな」と感じていた神社があったそうです。

そこは自宅のすぐ近くにある小さい神社で、たまに目のまえを通るそうなのですが、境内は手入れがされておらず、暗い雰囲気が漂っていたのだとか。

私が鑑定をした結果、彼女が「あの神社でなければいいいな」と感じていた神社が、まさに彼女の産土神社となりました。

少し困った様子の彼女に、「人間と神仏とは相互に助け合っている関係ですから、いまはあなたが神様を助けてあげてください」とアドバイスをしました。

小さくて掃除もされておらず、元気がない神社があなたの産土神社だった場合、それはあなたに託されているということでもあります。

あなたの産土神様は「なんとか力を貸して欲しい……」と、あなたにSOSを出しているのです。

神仏は見えない世界のことは得意ですが、現実世界のことは人間が行動を起こさなければなりません。

産土神社とわかってはじめての参拝の日、寂れた神社を見た彼女は、週に一度境内の掃き掃除をしようと決意したといいます。

一人で煙草の吸殻や空き缶を拾って、持参したゴミ袋に集めていきました。何回か続けていると、彼女が掃除をしている姿を目にした近所の人が、「私もやります」と一人、また一人とゴミ拾いに加わってくれたそうです。

そうしてしばらくすると、一人ではじめた掃除が気づけば町内全体の集団になり、月に一度、町内の子供会で境内を掃除することが恒例行事になったそうです。

いまではその神社は、いつ参拝に訪れても活気があり、ゴミ一つない素晴らしい神社になりました。そして、彼女自身もこの神社と産土神様が大好きになったそうです。

実は、こういう事例はけして珍しいことではありません。

こういう形で神社のご開運が進んでいくと、神様は元気になられて、大いなるご神徳をくださいます。そして、町全体の開運も進むことでしょう。彼女自身も大きな徳を積むことになり、今後の人生にも多大なる追い風が吹くことになります。

神様と人間との関係は、とてもシンプルで地道なものです。そこに派手さは存在しません。参拝を基本とし、年月をかけて神様との絆を太くして、守護の神様に応援していただく。とても地味ですが、それこそが揺るぎない土台となり、開運の道へと繋がることになります。

一人でも多くのみなさんがご自身の産土神社を知り、そして産土神様とのご縁を結ばれて、実りある人生を歩まれますことを心から願っています。

二〇一九年三月吉日

産土神社鑑定士　真壁辰郎

参考文献

著者に深く感謝いたします。

阿部正路監修「日本の神様を知る事典」日本文芸社
山田雅晴著「決定版　神社開運法」たま出版
山田雅晴著「秘伝公開！　神社仏閣開運法」たま出版
武光誠著「日本人なら知っておきたい神道」河出書房新社
安蘇谷正彦著「こんなに身近な日本の神々」毎日新聞社
櫻井治男著「日本人と神様」ポプラ社

見るだけで運気があがる神気写真

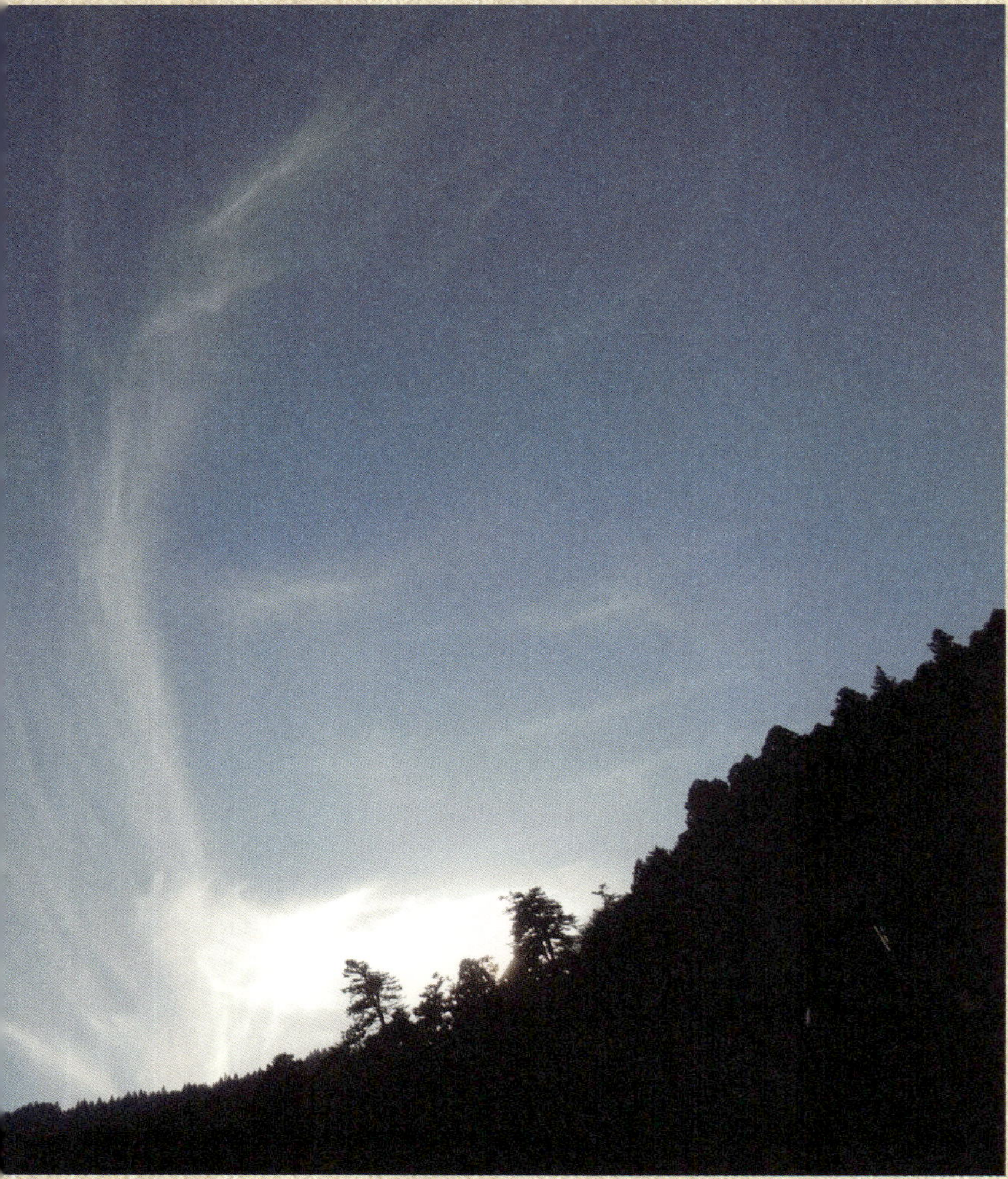

相模国延喜式内社
大山阿夫利神社

社殿後方の上空より強い神気を感じて、見あげますと昇り立つように龍雲が現れました。彩光も見て取れます。この龍雲は、これまでに見たもののなかでも一・二を争うほどの格の高さでした。私がしばらく眺めていると、龍の鳴き声が心に響いてきました。龍の鳴き声を受け取ったのはこのときが初めてのことです。

二〇一七年一一月七日の立冬　撮影

伊勢内宮別宮　伊雑宮

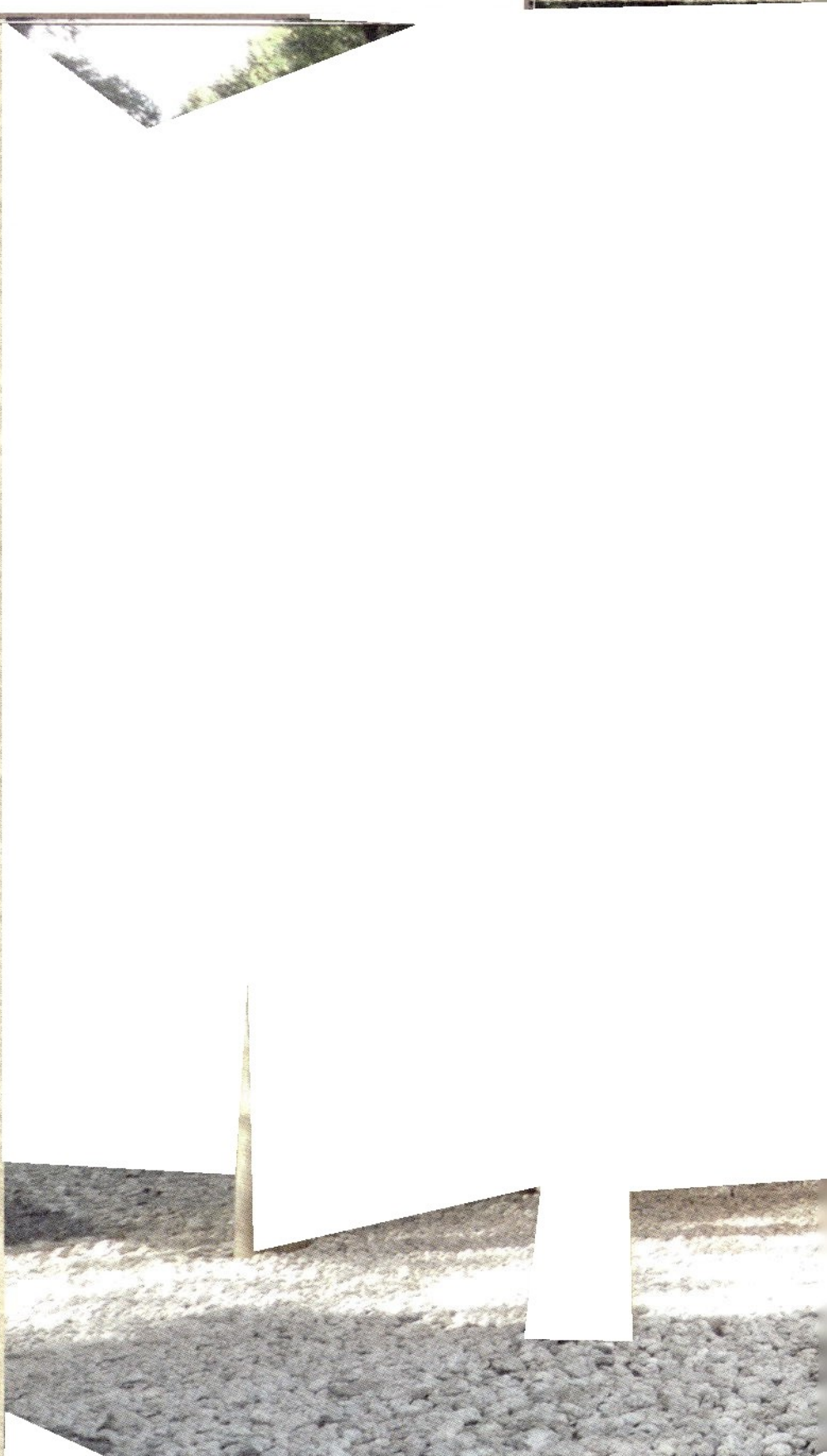

一見、なんの変哲もない社殿ですが、私はこれほどまでに波長の精妙な写真を見たことがありません。伊雑宮の境内は波動が高いというよりも、波長が究極に高く精妙な場所になっています。この日、参拝したときには、社が別の次元に存在しているようにさえ感じたほどです。神様からは「完璧な調和」というメッセージを受け取りました。写真を眺めているだけでも心が整ってくることでしょう。

二〇一八年一月一〇日　撮影

真壁辰郎

産土神社鑑定士。一九五九年、京都府生まれ。京都の伏見稲荷大社のすぐ目のまえの家で生まれ、境内の神域全体を遊び場とした幼少期をすごす。あるとき、一冊の本をきっかけに出会った「産土神様」に導かれ、霊的な力を磨いたことで、何度となく神秘的な体験に巡り合った。また、自分自身の産土神様との絆を深めたことで、開運力・守護力が強化。以来三十年、産土神様に導かれるようにして、天職の産土神社鑑定士になる。二〇一九年現在、産土神社鑑定歴は十六年、総鑑定人数は五千人を超える。結界を張り、神事を立てて依頼人の産土神様と繋がりながら、緻密に探していく産土神社鑑定では、大変な集中力とエネルギーが常に要求される厳しい世界。慢心すれば鈍り、日々の精進で磨かれていくといわれている鑑定力は、日に日にあがっていっている。依頼人のなかには、産土神様との出会いで人生を一変させるほどの大開運をした人も数知れず。毎日のように依頼が舞い込む産土神社鑑定のほか、開運のための面談カウンセリングや、受験校・職場の鎮守神社鑑定など、神様との絆を深め、人生を切り開いていく方法を多くの人に伝える活動をしている。
ブログ「幸せを呼び込む神社」：https://ameblo.jp/ubusuna-jinja/

「あなた担当の神様」のみつけかた　人生を変える産土神社の守護

2019年4月7日　第1刷発行

著　　者　真壁辰郎

発 行 者　土井尚道
発 行 所　株式会社 飛鳥新社
〒101-0003 東京都千代田区一ツ橋2-4-3 光文恒産ビル
電話（営業）03-3263-7770（編集）03-3263-7773
http://www.asukashinsha.co.jp

装　　丁　坂川朱音（朱猫堂）
本文デザイン　坂川朱音+田中斐子（朱猫堂）
イ ラ ス ト　羅久井ハナ
印刷・製本　中央精版印刷株式会社

落丁・乱丁の場合は送料当方負担でお取替えいたします。小社営業部宛にお送りください。

ISBN 978-4-86410-684-9
編集担当　宮崎 綾